KB122590

마케터의
사칙연산

마케팅을 밥벌이로 하는 이들이
반드시 알아야 할 전략의 기본기

마케터의
사칙연산

전민우 지음

피톤치드

의외로 현장에서 기본기가 약한 마케터들을 자주 만나게 됩니다. 기본기가 부실한 마케터가 진행하는 프로젝트는 운전으로 따지면 무면허 운전과 다르지 않기에, 너무 위태롭습니다. 그래서 마케터에게 기본기는 '업의 깊이와 길이'를 결정하는 가장 중요한 전제조건입니다. 이 책은 그러한 마케터의 마인드와 기본기를 단단하게 다질 수 있는 좋은 교재가 되어줄 것으로 확신합니다. 여러분들에게 적극 추천합니다.

박현우 대표 이노레드

소비자의 반응을 실시간 확인할 수 있는 디지털 환경, 가설을 세우고 이를 검증하는 디지털 마케팅 분야에서 저자는 여러 기업들과 많은 마케팅 실험을 성공적으로 진행해오고 있습니다. 이 책은 이러한 실험들을 통해 저자가 발견한 나름의 원칙들을 흥미로운 사례들을 들어 다루고 있습니다. 업무에 진지하게 임하는 마케터들의 일독을 권합니다.

황성욱 교수

『마케팅 해부실험』 저자, SEED & Partners 대표 프로젝트 파트너

대한민국 디지털 마케팅을 이끌고 있는 전문가가 초보 마케터와 예비 마케터를 위해 쓴 책입니다. 찬찬히 읽어보니 수년간의 실무 경험과 강연을 바탕으로 얻은 지식들의 핵심적인 내용들만 가독성 있게 요약했네요. 빼고, 더하고, 곱하고, 나누어야 할 것들을 알기 쉽게 풀어 써서 마케터로서 기본을 쌓는 데 많은 도움이 될 것 같습니다.

홍정민 소장 휴넷 EduTech LAB

오피노 전민우 대표의 실전을 통한 경험과 내공이 고스란히 느껴집니다. 마케터로서 언제든지 만날 수 있는 상황과 문제점들에 대해 직관적으로 이해하기 쉽게 설명하고 있어서 현재 마케터를 꿈꾸고 있는 학생이나 주니어 마케터, 길을 찾고 있는 현업 마케터에게 훌륭한 실전 지침서가 되어줄 것으로 확신합니다. 이 책을 통해 현재 겪고 있는, 그리고 앞으로 겪게 될 일들을 대입해 시뮬레이션 해본다면 보다 빠른 솔루션을 찾아낼 수 있지 않을까 합니다.

송지원 상무 닥터마틴

정답이 없는 마케팅 시장에서 마케터가 되려는 이들에게 정답을 만드는 방법을 가르쳐주는 교과서 같은 책입니다. 개인적으로 사수가 없이 마케팅을 배우다보니 방황하는 시간이 꽤 길었습니다. '이런 책을 진작에 만났더라면 지금보다 더 효율적으로 커리어를 쌓을 수 있지 않았을까?'라는 생각이 드네요. 마케터 신입분들이 봐도 매우 좋은 책이지만, 경력이 어느 정도 되는 분들도 체계적으로 기본기를 닦는데 탁월한 책이라고 생각합니다. 강력히 추천합니다.

진민우 CMO 비쥬얼코드

이누이트족은 전통적으로 아이가 태어나면 화살촉을 다듬는 법부터 가르친다고 합니다. 들로 산으로 바다로 돌아다니며 바다표범과 물고기, 들짐승을 잡아 생활하는 그들에게 작살과 화살이 가장 중요한 생존 도구이기 때문입니다. 성인식을 거치며 아버지는 아들에게 손수 깎은 화살과 전통箭筒을 선물합니다.

문명화된 도시에서 살고 있는 우리들은 아이들에게 제일 먼저 숫자를 가르칩니다. 어렸을 때 아기들이 '엄마' '아빠'를 제외하고 가장 먼저 배우는 게 숫자인 셈이죠. 그 아기가 자라 학교를 갈 나이가 되면 비로소 더하기 빼기를 배웁니다. 더하기 빼기가 익숙해지면 바로 곱하기 나누기도 배웁니다. 숫자는 도시에 사는 현대인들에게 가장 중요한 생존 도구입니다. 스무 살 성인이 되면 부모는 대학에 진학하는 아들에게 계산기(노트북)를 선물합니다.

이처럼 사칙연산四則演算은 우리 인생의 가장 초창기부터 함께 해왔습니다. 부모들은 자녀의 산수 실력에 지대한 관심을 갖습니다. 아기가 유치원도 들어가기 전, 막 말을 하기 시작할 무렵부터 손가락으로 숫자 세는 법을 가르치는 데 상당한 시간을 할애합니다. 학교에 들어가서도 산수를 잘하는 학생은 바로 우등생이라 불립니다. 어디 그뿐입니까? 수능을 비롯한 각종 시험에서 수학은 절대 빠지지 않는 핵심 과목 중 하나입니다. 결국 셈을 잘하는 것이 현대 도시인들에게 매우 중요한 과업이 되어버렸죠. 서구에서 근대성이 자라나면서 숫자를 세고 계산하는 기술은 이성의 필수불가결한 분야로 여겨졌습니다. 그래서 '이성적으로 판단하다'라는 뜻을 가진 영어 단어 reckon은 '숫자를 세다'라는 뜻도 가지게 된 것이죠.

마케팅에도 사칙연산이 존재합니다. 경제 경영은 복잡한 숫자와 통계를 다루는 학문처럼 보이지만, 사실 따지고 보면 더하기 빼기가 기초이자 전부라고 할 수 있습니다. 언뜻 현란해 보이는 경제 공식들과 다양한 수식이 동원된 경제 지표들도 모두 숫자를 더하고 빼는 과정으로 수렴될 수 있습니다. 곱하기 나누기는 더하기 빼기의 확장에 불과합니다. 결국 숫자를 넣고 빼는 것만 잘

해도 마케팅의 반은 먹고 들어가는 셈입니다. 저는 마케팅 최전선에서 이름만 대면 알만한 여러 대기업 전략팀과 함께 숱한 마케팅 프로젝트와 퍼포먼스, 캠페인을 기획하고 추진해왔습니다. 직접 회사를 세워 마케팅을 총괄하면서 마케터가 반드시 알아야 할 사칙연산의 셈법을 깨닫게 되었습니다. 그간 블로그에 정리했던 자료들을 이 책에서 마케터의 필수 연산 과정과 작업 로드맵으로 정리하게 되었습니다.

사람들은 더하기가 산수의 맨 처음에 위치한다고 생각하지만, 가감승제加減乘除는 순서가 잘못되었습니다. 마케터가 가장 먼저 할 것은 더하기가 아니라 빼기입니다. 업무를 더하고, 기술을 더하고, 인원을 더하려고 하지 말고 불필요한 과정과 쓸데없는 고정관념, 딱딱하게 굳은 관성적 사고방식을 먼저 버려야 합니다. '언젠가는 필요하겠지.' 다락방 잡동사니처럼 철 지난 자료들을 긁어모아두는 마케터는 '버리는 미학'부터 배워야 합니다. 일본의 마케터 도리하라 다카시는 『일 버리기 연습』에서 '필요할지도'와 진정한 '필요'를 구분하라고 말합니다.

"중요한 것은 '필요'와 '소망'을 동일시하지 않는 것입니다. 사실 많은 사람들이 헷갈려 합니다. 필요는 그 서류가 없어서 업무에 지장이 생기는 것이고, 소망은 있으면 언젠가 도움이 되리라는 바람이 들어간 것입니다."(『일 버리기 연습(마일스톤)』 70.)

불필요한 시장을 없애고, 불필요한 말들, 과정들을 없애는 빼기 연습이 되었다면, 이제 더하기를 할 수 있습니다. 성공 방정식에 고객 세그먼트를 더하고, 시스템을 더하는 연습을 해야 합니다. 성장이 있으려면 개념 원리를 이해하고, 문제의 공식을 파악하며, 이를 적용하여 실전 문제들을 격파해 나가야 합니다. 유사한 마케팅 상황에 발 빠르게 대처하기 위해서 관련된 유제들을 풀면서 계산 과정을 더욱 철두철미하게 만들고 반복되는 실수를 줄여야 합니다. 더하기가 충분히 연습되었으면 곱하기로 넘어가면서 일의 효율성을 극대화시켜야 합니다. 산술급수에서 기하급수로의 전환은 일의 레버리지를 고민하는 마케터에게 필수적인 과정이기 때문입니다. 몰입을 통한 효율을 높이고, 매뉴얼로 업무 프로세스의 효율을 향상시켜야 합니다. 소비자의 구매 과정을 들여다보고 전환율을 높이는 스토리로 매출 증대를 이뤄야 합니다.

결국 마케터는 기업의 생존을 위해 이윤을 극대화할 수 있는 방향을 모색하고 이를 성공 방정식으로 만들어 조직을 개선하는 이들입니다. 하지만 아직 마케터의 사칙연산은 끝나지 않았습니다. 마케터는 증식과 효율만을 골몰하는 이들이 아닙니다. 곱하기로 두뇌 풀가동을 실천했다면, 이제 나누기를 통해 일의 결과물을 공유해야 합니다. 신기한 것은 나누더라도 내가 가진 것이 줄어들지 않고 오히려 더 풍요로워진다는 사실입니다. 사칙연산의 완성은 결국 함께 나누고 공유하고 누리는 데에 있습니다. 불필요한 경쟁에 매몰되어 나누기를 주저하는 마케터는 독불장군이 되기 쉽습니다. 이는 협업과 연대, 관계와 소통이 절대적인 마케터의 기획 업무에 독이 됩니다. 나눔은 남에게 이로운 일이면서 동시에 나에게도 혜택을 줍니다. 저는 이를 나눔의 호혜성 reciprocity으로 정의했습니다.

아무리 사소한 내용이라 해도 한 권의 책을 세상에 내놓는다는 것은 매우 고통스럽고 힘든 작업입니다. 이 책은 5년 전에 이미 기획되었던 책입니다. 저의 개인적인 게으름도 한몫 했겠지만, 좀 더 좋은 내용, 실전에 최적화된 사례, 누구나 공감할 수 있는 자료들을 일일이 검증해보고 경험하는 데 물리적인 시간이 절대적으로 필요했습니다. 기획 단계부터 책을 출판하는 시점까지 오랜 시간 저를 기다려준 피톤치드출판사의 박상란 대표님에게 이 자리를 빌어 감사의 마음을 전합니다. 그 사이 저는 개인적으로 결혼도 했고 아이도 얻게 되었습니다. 그간 곁에서 믿어주고 지지해준 아내와 많은 시간 함께 있어주지 못해 미안한 쌍둥이 우빈, 우린에게도 사랑을 전합니다. 또한 오늘도 총알이 빗발치는 마케팅 현장에서 열심히 뛰고 있는 동료, 선후배 마케터들이 이 책으로 마케터의 일과 역할에 대해 조금이라도 공감하고 귀중한 인사이트를 얻었으면 좋겠습니다. 감사합니다.

오피노 리더 전민우

목차

PART 1

빼기

減
diminish

chapter 01

불필요한
시장을
제거하라

divide et impera 나누고 지배하라
마케도니아의 필리포스 2세

'시작은 작게 하라.'

마케터라면 아마도 지겹게 들어온 이야기일 것이다. '시작은 작게 하라.' 우린 왜 이런 이야기를 종종 들을까? 제프 베조스Jeff Bezos가 시애틀 자신의 집 허름한 창고에서 시작하여 아마존이라는 거대한 유통 제국을 키워낸 사실을 언급하지 않더라도, 누구나 창업이 처음에는 변변찮은 규모로 시작된다는 것을 인정한다. 물론 이것은 단순히 물리적인 장소를 이야기하는 것만은 아니다. 『제로 투 원』의 저자이자 글로벌 유니콘 기업들에게 직간접적으로 영향을 준 피터 틸Peter Thiel도 기업 성장의 가장 중요한 첫 단계는 작은 시장에서 유의미한 성과를 내는 것이라고 말한다. 꼭 창업이 아닌 마케팅 영역에서도 이 전략은 유효하다.

이 책을 시작하면서 제일 먼저 시작을 작게 하라는 말을 꺼낸 데에는 어떤 의미가 있을까? 이 말은 '작은 시장을 먼저 공략하라.'는 말과 일맥상통한다. 마케팅marketing은 말 그대로 시장market을 만들어 가는making 활동을 의미한다. 시장 만들기는 기존에 없는 시장을 새로 창조하는 것뿐만 아니라 이미 존재하는 시장의 규모를 확대하는 것까지 포함한다. 떡볶이를 팔면서 상품을 오뎅으로까지 확대하는 것도 시장 만들기이다. 마케팅, 즉 시장 만들기는 기업 생존에 절대 함수이며 존재 이유raison d'être이기도 하다. 그래서 마케팅을 두고 켈리E. J. Kelley는 '생산에서부터 소비까지 상품이나 서비스의 흐름을 개발 및 유통시키기 위해 필요한 서비스 과업의 전체'라고 말했다.

1) 시장을 정의하라

시장은 과연 무엇일까? 시장이 있어야 이윤 추구도 가능하고 기업도 존재할 수 있다. 시장을 뜻하는 영어 단어 '마켓'은 '표식mark'이라는 말에서 나왔다고 한다. 의미심장하다. 따지고 보면 어디서부터 어디까지 시장인지 표시한 것이 바로 시장인 셈이다. 구획을 나누고 자르고 좁히는 마크 지점에 마켓이 존재한다. 보통 시장이라면 다양한 인구학적 요소와 관심사들이 뒤엉켜 있는 경우가 많다. 그래서 기존 시장이라고 하더라도 그 시장을 다양한 기준으로 쪼개볼 필요가 있다. 이와 관련된 책에서 언급되는 기준들을 살펴보면, 보통 아래와 같다.

이 세 가지 기준을 가지고 시장을 더 쪼개지지 않을 때까지 쪼개본다. 흔히 마케터들이 말하는 시장의 세분화segmentation가 이에 해당한다. 기업이 시장을 세분화하기 위해서는 여러 변수들을 고려해야 한다. 지리적 변수, 인구학적 변수, 사회-심리적 변수, 행동적 변수 등 여러 가지가 있는데, 더 쉽게 직군으로 시장을 나눠보는 것도 유용한 방법이 될 수 있다. 물론 이 변수들은 기업이 어떠한 제품과 서비스를 제공하느냐에 따라 더욱 세분화될 수 있다. 변수가 세분화될수록 더 정확한 포지셔닝positioning과 티깃팅targeting을 할 수 있다. 지역적 특성, 성별, 연령, 소득 수준, 문화적 차이, 세대, 사회-문화적 특성, 사회적 인식, 잠재 구매층 등을 구체적으로 살피고 시장을 쪼개야 한다.

가령 강아지 비누를 마케팅한다고 해보자. 단순히 '강아지 비누'라고 런칭하는 것보다 '시추 비누' '푸들 비누'라고 범위를 좁히는 것이 더 작은 시장에서 두각을 나타낼 수 있는 요령이다. 그렇게 '땡땡 비누' 식으로 견종을 늘려가다 보면 어느새 내가 원하는 강아지 비누로 브랜딩되는 것이다. 또한 같은 비누라도 대형견과 소형견의 비누 사용 주기는 다를 것이다. 구매 주기를 통해 자연스럽게 시장을 세분화할 수 있다. 기대 가치를 가지고 시장을 세분화할 수도 있다. 강아지 비누를 3만 원에 팔면 누군가는 "이야, 개이득이다."하겠지만, 누군가는 "헐, 개비싸."라고 할 수 있다. 구매자마다 비누에 대한 기대 가치가 다르기 때문이다. 즉 기대 가치만 가지고도 같은 강아지 비누가 전혀 다른 시장을 갖는 셈이다.

2) 메시지와 매체를 줄여라

이렇게 접근 가능한 시장을 잘게 쪼개어 보면, 덜어내야 하는 것이 두 가지 더 있다. 바로 '메시지'와 '매체'이다. 적절한 시장과 잠재 고객을 정의했다면, 이들에게 어떤 메시지를 어디서 전달해야 하는지 결정해야 한다. 보통은 다양한 메시지를 다양한 매체를 통해 전달하고자 한다. 하지만 초보 마케터의 과욕이다. 이 역시 덜어낼 필요가 있다. 효과적인 메시지 하나와 그 메시지가 최선으로 전달될 수 있는 최적의 매체를 결정하는 일, 이 모든 것이 사실 시장 줄이기에 해당한다.

빼기 전략은 모든 사이클의 초반부에 해당된다. 마케터가 불필요하게 힘이 들어가다 보면 자꾸 메시지와 매체에 무언가를 더하려고만 한다. 당연히 메시지가 장황해지고 매체가 불분명해진다. 확장보단 덜어내기에 집중해야 한다. 당신의 시장은 과연 어디인가? 그리고 그들에게 단 하나의 메시지를 단 한 곳에서 전달하라면 과연 어떻게 하겠는가? 이렇게 생각해보자. 내가 도시에 살고 있는 숙부에게 급히 전보를 보낸다면? 그것도 16자 안에서 내가 전달하고 싶은 메시지를 압축해서 보내야 한다면 말이다.

3) 원자 단위의 시장으로 시작하라

나는 세미나나 대중 강연 때마다 시장을 원자 단위까지 쪼개보라고 조언한다. 원자atom란 무엇인가? 더 이상 쪼개지지tom 않는다a는 뜻이다. 고대 그리스의 철학자 데모크리토스는 세상이 더 이상 쪼깨지지 않는 원자 알갱이들로 이루어졌다고 주장했다. 이를 두고 그는 "진실로 세상에 존재하는 것은 원자와 공허뿐이다."라는 유명한 말을 남겼다. 하지만 그의 말은 오랫동안 상념과 공상에 기반한 가설에 지나지 않았다. 인류가 원자의 존재를 실제로 확인한 것은 19세기 후반이 되어서야 가능했다. 물론 오늘

시장을 원자 단위까지 쪼개보라!

날 원자는 다시 전자와 중성자, 양성자 등으로 잘게 쪼개지면서 원자라는 말조차 무색해졌지만, 마케팅에서 '원자 단위의 마켓'은 매우 적절한 메타포가 된다.

제국주의 시대, 아니 그 이전부터 '나누고 지배하라.'라는 말이 있었다. 로마 제국과 대영 제국은 이 외교 정책을 역사상 가장 능숙하게 활용했던 나라로 꼽는다. 특히 대영 제국이 인도를 통치하면서 종교와 계급, 지역을 여러 조각으로 나누어 인도 사람들을 서로 갈등 관계에 놓게 한 정책은 유명하다. 오늘날 인도와 파키스탄, 방글라데시의 분열도 다 나누고 지배하라는 외교술에 충실했기 때문이다. 오늘날 이 나누고 지배하라는 조언은 과거 제국주의적 모델에서 벗어나 학문이나 통계, 사회적 현상, 나아가

경제적 원칙을 설명하는 모델로 응용되고 있다.

마케팅 지형에서 패자가 되고 싶은가? 되도록 시장을 잘게 나누고 쪼개라. 거품을 빼면 비로소 시장이 보인다. 원자 단위의 시장을 확보하면 거기서 원자력발전과 같은 엄청난 에너지와 원자폭탄과 같은 가공할 파괴력을 동시에 얻을 수 있다. 괜히 멋을 부리려는 만용은 버리고 심플하고 기초적인 메시지를 단일한 매체로 전달하라. 현재 전 세계를 호령하는 가파^{GAFA} 제국들은 모두 이렇게 출발했다.(가파: 구글, 아마존, 페이스북, 애플의 첫글자를 딴 플랫폼 비즈니스를 통칭하는 말.)

구구절절
이야기하지
말라

인간의 귀는 둘인데 입은 하나인 이유는
말하는 것만큼의 두 배를 들을 수 있기 때문이다.
에픽테토스

초보 마케터가 종종 범하는 실수는 더하기이다. 의뢰자를 설득하기 위해 각종 보고서와 프레젠테이션을 동원한다. 다다익선이라고 많으면 무조건 좋다고 착각해서 이런저런 자료들을 제시한다. 물론 당신 말고도 여러 선택지를 가지고 있는 고객에게 "우린 이만큼 더 많은 걸 가지고 있어요."라고 설득하는 것은 당연한 일일 것이다. 하지만 이건 자신의 기획안이 소구^{appeal}되지 못할 것에 대한 불안감을 노출시키는 것에 불과하다. 더하기는 적재적소에 올바르게 쓰여야 한다. 아무 때나 무턱대고 내가 하고 싶은 말을 장황하게 나열하는 더하기는 마케팅에서 독이 될 뿐이다.

소비자로서 온라인에서 제품을 구매하는 경험을 하다보면 상세페이지가 길거나 짧은 것은 크게 중요하지 않다. 그것보다는 내가 궁금해 하는 것을 안내해주느냐, 그렇지 않느냐가 더 중요하다. 가령 제품을 통해 내가 해결하고 싶은 문제가 정말 해결되는지, 혹시라도 이 제품을 사용하면서 겪는 리스크는 없는지, 기존의 내 라이프스타일에 자연스럽게 녹아져 들어오는지 등 소비자는 고려할 것이 정말 많다. 당장 백화점 내 가장 가까운 화장실 위치를 알고 싶은 과민성대장증후군 고객에게 신년 정기세일 제품의 면면을 늘어놓아봤자 그의 귀에 들어올 리 만무하다. 이런 경우, 그에게 괄약근을 쥐고 달려갈 가장 빠른 동선을 제시하면 그만이다. 쾌변과 장 건강에 필요한 건강보조식품 구매 정보는 그가 화장실을 나왔을 때 자연스럽게 제시해도 된다.

이런 측면에서 고객이 당장 갖고 있는 문제점에 바로 다가가는 전략이 필요하다. 길고 짧은 것은 그리 중요하지 않다. 어떤 제품은 고객이 궁금해 하는 부분이 예상 외로 적을 수 있다. 상품명만 가지고도 고객의 호기심과 의구심을 충족시킬 때도 있다. 그러니 주저리주저리 이야기하지 않아도 된다.

1) 말하기 전에 많이 들어라

말을 줄이라는 것은 어떤 의미일까? 첫 번째, 입 다물고 우선 많이 듣는 것이다. 고대 로마의 철학자 에픽테토스는 '인간의 귀는 둘인데 입은 하나인 이유는 말하는 것만큼의 두 배를 들을 수 있기 때문이다.'라고 말했다. 우리가 알다시피 '듣다'라는 의미의 영어 동사 중에 '히어hear'와 '리슨listen'은 사뭇 다른 용례를 갖고 있다. 히어는 단지 외부의 소음이 수동적으로 들리는 청취라면, 리슨은 상대의 말을 내가 의도를 가지고 능동적으로 듣는 경청이다. 똑같이 청각을 사용하지만 청취와 경청은 전혀 다른 개념이다. 그래서 제임스 보그James Borg는 그의 저서 『설득력』에서 "단순한 듣기(청취)와 귀 기울여 듣기(경청)를 정확히 구분하지 못하기 때문에 일상생활에서 많은 혼란과 불화가 야기된다. 이 두 단어를 바꿔 써도 무방하다고 생각하니까 이런 일이 벌어지는 것이다."라고 했다.

옛말에 '빈 수레가 요란하다.'는 속담이 있다. 사실 빈 수레보다 한두 개 고철덩어리가 속에서 굴러다니는 수레가 더 시끄럽다. 아예 모르는 사람보다 조금 알면서 자신감만 넘치는 사람이 더 말이 많다. 나는 평소 강연이나 세미나가 잦은 편인데, 이 속담을 언제나 명심하려고 노력한다. 남을 가르치는 위치에 있다 보면 직업병처럼 말이 많아지게 되고, 말이 많다 보면 불필요한 말실수도 잦아진다. 강연을 하기 전에 먼저 청중들의 이야기를 들으면 그들이 무엇을 궁금해 하고 어떤 부분을 신경 쓰는지 알게 된다. 청중들의 관심사를 중심으로 풀어가다 보면 훨씬 수월하고 만족스럽게 강연을 이어갈 수 있다.

말을 줄이는 두 번째 비결은 질문을 활용하는 것이다. '질문은 답변이다 The question is the answer.'라는 말이 있다. 좋은 질문은 좋은 답변을 잉태하고 있는 셈이다. 경청을 하려면 질문을 던져라. 그중 고객 인터뷰도 좋은 방법이다. 하지만 그보다 더 추천하는 간단한 방법은 소위 FAQ를 파악하고 정리하는 것이다. frequent asked questions. 자주 묻는 질문, 너무 간단한가? 그렇지 않다. 현장에서 이것을 정리하는 팀은 의외로 적다. 그때그때 고객의 목소리에 귀를 기울이지만, 너무 이상할 정도로 이런 질문들이 차곡차곡 정리되어 있지 않다. 고객의 목소리를 정리하는 것은 마케터에게 매우 큰 자산이다.

강연을 할 때도 자주 묻는 질문이나 궁금증을 빈도나 비율을 통해 정리하면 그날 모인 청중들의 반응과 관심사를 미리 체크할 수 있어서 좋다. 강연처럼 고객을 직접 만날 수 있는 상황이 아니라면, 고객이 남긴 흔적을 통해 그들의 질문을 대신 살펴볼 수도 있다. 주요 고객이 방문하는 커뮤니티나 경쟁사 및 유사 제품의 후기 등을 관찰함으로써 마케터는 FAQ를 대체할 많은 정보들을 얻을 수 있다. 소셜메트릭스 socialmetrics.co.kr 나 아이템스카우트

itemscout.io와 같은 서비스(일부 무료!)를 이용하면, 텍스트 외에도 고객이 제품에 느끼는 감정들을 이해할 수 있고 시장의 패턴까지 읽어 더 다양한 FAQ를 짐작할 수 있다.

3) 적극적인 경청이 필요하다

상대방의 이야기를 잘 들어주는 사람을 흔히 '굿 리스너good listener'라고 한다. 미국에서는 상대가 말을 꺼내기 주저할 때 "귀를 다 열어놓고 듣고 있을게I'm all ears."라고 말한다. 굿 리스너는 할 말이 없어서 잠자코 듣고만 있는 존재가 아니다. 천 마디 말을 감추고 그 중에서 촌철살인의 한 마디를 뽑아낼 줄 아는 사람이

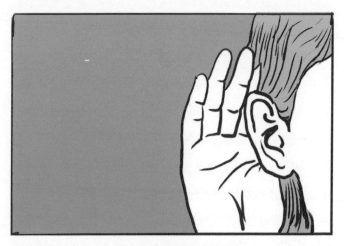

닥치고 우선 귀를 열고 들어라!

다. 경청은 적극적인 의사표현이며 침묵의 웅변이다. 미국 체로키 인디언 속담 중에는 이런 말도 있다. "들어라, 그렇지 않으면 그대의 혓바닥이 그대를 귀먹게 할 것이다."

우린 가끔 이렇게 이야기 하곤 한다. "고객은 자신이 뭘 원하는지도 모르며 알아도 이야기 하지 않아요." 일부 동의한다. 고객에게 니즈needs와 원츠wants를 알려주는 것도 마케터의 몫이다. 그런데 이 말에 끄덕이기 전에 가장 먼저 고객의 말에 귀 기울일 필요가 있다. 들을 때에는 고개를 끄덕이고 추임새를 넣어주면서 상대의 말에 동의했음을 표현하라. 생각이 방황하지 않는다. 다시 한 번 말하지만, 마케터들은 리슨, 즉 경청이 필요하다.

사례 채널톡(챗봇 솔루션)

최근 스타트업들의 필수 아이템으로 알려진 솔루션 중에 챗봇 솔루션이 있다. 바로 채널톡이다. 채널톡은 자사 사이트에서 잠재 고객과의 간단한 대화나 상담뿐 아니라 구매 전환까지 리드하는 다양한 자동화 기능을 바탕으로 빠르게 시장을 확대해 나가고 있는 스마트 서비스이다. 이 솔루션을 운영하는 팀의 '고객사랑'을 보면, 자연스럽게 이 서비스가 궁금해질 수밖에 없다.

최근 스타트업들의 고객 중심, 고객사랑은 당연한 일처럼 느껴질 수 있어도 이 팀의 고객 중심의 사고는 확실히 남다르다. 이들은 고객의 경험을 탐색하고 개선시키기 위한 다양한 데이터 분석, 실험뿐만 아니라 그러한 정신을 나누기 위한 콘퍼런스까지 주기적으로 진행하면서 고객 중심의 비즈니스, 서비스 설계가 얼마나 중요하고 이것이 결국 서비스의 발전을 가져오는지 몸소 실천하며 보여주고 있다.

우리는 간혹 해당 분야의 전문가의 조언을 얻거나 경쟁사의 행보를 관찰하면서 우리의 서비스를 어떻게 개선시켜야 하는지 힌트를 얻는다. 하지만 이는 고객 만족을 위한 서비스 개선에 한계가 있고, 해당 정보마저 그 출처가 고객이 아니니 옳은 방향이라 이야기할 수 없다. 결국 고객의 말인지, 혹은 그들의 행동인지, 아니면 그들의 감정인지가 중요하다. 그것을 기반으로 가설을 세우고 실험을 진행하고 개선해야 한다.

고객을 깊게 연구하는 팀은 시간이 다소 오래 걸려도 결국 옳은 선택을 한다. 그리고 그런 옳은 선택들의 합은 초반의 더딤을 엄청난 스피드로 극복할 수 있도록 도와준다. 그리고 이후 그들은 로켓을 탄 듯 성장한다. 실제로 현업에서 고객 중심을 외치는 사람들을 쉽게 찾아 볼 수 있다. 그러나 사실 이중에서 언행일치를 보이는 이들은 그리 많지 않다. 고객이 무엇을 원하는지, 그들의 문제를 어떻게 해결하는 것이 나은지 생각하기보다 경쟁사에 뒤지지 않는 전략이나 수익성을 극대화하기 위한 전략이 온 머릿속을 가득 매울 때가 많다.

그래서 특정 일정을 정해 두고 그때만큼은 '지금 내가 하는 일이 고객을 이롭게 하는가?'라는 간단한 자문을 할 필요가 있다. 그렇지 않으면 고객을 잃을 때까지 너무 멀리 돌아갈 수밖에 없다. 끊임없이 고객 중심의 언행일치를 보이는 기업은 정말 존경하지 않을 수 없다. '와우 모멘트'는 멋진 디자인이나 기능이 아닌 경청에서 오는 것임을 잘 알기 때문이다.

마케팅
초기에는
비판을 자제하라

비판을 받지 아니하려거든 비판하지 말라.

예수

직장 생활 중 누군가와의 대화로 인해 마음이 상해본 적이 있을 것이다. 특히 마케터들은 대부분 그런 경험이 있다. 아무리 조심스럽게 이야기를 나눈다 하더라도 대화 중에 누군가에게 상처를 주고 또 받는 일은 불가피하다. 그럼에도 불구하고 우린 조심하고 조심해야 한다. 특히 당신이 마케터로서 막 프로젝트 하나를 맡았다면 말이다.

평소의 회의실 분위기를 떠올려보자. 우린 직사각형의 테이블에 앉아 수도 없이 많은 아이디어를 토해낸다. 보통 회의에는 다양한 이야기들이 오가기 마련이다. 공식적이건 비공식적이건, 한 동료가 대표로 발제나 PT를 할 것이다. 나도 모르게 신이 난 발제

자에게 퉁명스럽게 이야기한다. "그래서?" 회의실은 순간 싸늘해지기도 하고, 더 열을 내며 자신의 아이디어가 맞을 수밖에 없다며 수십 가지 근거와 논리들을 쏟아 내기도 한다. 회의는 수치와 통계가 오가는 자리에서 기분과 감정을 주고받는 자리로 돌변한다.

그렇게 우리는 상처를 주고받는다. 마음에 가슴 깊게 패인 상처를 한두 개씩 안고 어떻게 한 팀을 이루어 일을 제대로 할 수 있을까? 비판에 따른 내상은 생각보다 빠르게 치유되지 않는다. 당신의 성장에도, 어쩌면 조직의 성장에도 도움이 되지 않는다. 서로 다른 방향으로 줄다리기를 하는 모습을 상상해보라. 헛힘만 쓸 뿐 아무런 결과물을 만들지 못한다. 시간이 가도 당신이 맡은 프로젝트는 그저 공회전만 할 뿐이다.

반대는 반대를 낳는다. 자석에서 N극은 S극을 끌어당긴다. 하지만 N극과 N극이 만난다면? 전지의 ⊕극은 ⊖극에 연결해야 에너지를 방출한다. 전기는 ⊖극에서 나온 전자가 ⊕극으로 흘러들어갈 때 발생된다. 꼬마전구 하나라도 켜고 싶다면 소켓에 ⊕극과 ⊖극을 맞춰 배터리를 끼워 넣어야 한다. 그런데 ⊕극이 ⊕극을 만난다면? 축전된 전기의 방전만 발생할 뿐이다. 잘못하면 폭발할 수도 있다. 비판도 이와 같다. 기획 단계에서 서로 쓸데없이 각을 세우는 것은 이성적인 것도, 쿨한 것도 아니다.

캠페인 운영 초기 전략에서 비판은 협업에 독이 될 수 있다. 캠페인 초기에는 운영의 방향 설정도 매우 중요하지만 빠르게 각자 맡은 일을 하게 되는 동기부여가 더 중요하다. 그런 과정에서 비판은 전혀 득이 되지 않는다. 어느 정도 시간이 지나면 비판이 끝도 없이 필요할 때가 있다. 그때를 위해 기다리자. 생각보다 그 순간이 빠르게 오기 때문에 초조해하지도 말자. 그 순간을 위해 비판을 아껴두자.

만에 하나 비판을 통해 반드시 바로잡을 일이 있다면 잊지 말고 칭찬을 곁들이자. 혹시 '칭찬 샌드위치'라고 아는가? 비판을 중간에 두고 앞뒤로 칭찬을 곁들이는 것이다. 칭찬 먼저, 그리고 반드시 해야 할 비판, 그리고 다시 한 번 칭찬으로 마무리. 미팅을 건설적으로 마무리할 수 있는 황금 레시피이다. 마케터들은 참치 샌드위치보다 칭찬 샌드위치를 더 좋아해야 한다.

시쳇말로 칭찬은 고래도 춤추게 한다고 하지 않던가. 말은 단순한 울림이 아니라 존재 자체를 바꾸는 에너지이다. 그리스도교에서는 신이 세상을 말로 창조했다고 말한다. 우리나라 속담에도 '말이 씨가 된다.'는 말이 있다. 실존주의 철학자 하이데거Martin Heidegger는 '언어는 존재의 집'이라고 말했다. 그만큼 말은 단순히 우리의 감정과 생각을 실어 보내는 그릇을 넘어 세상에 없는 것을 만들어내고 세상에 존재하는 것을 무효화하는 위력이 있다.

사례 **인터뷰스토어**

여성의류 편집숍, 인터뷰스토어^{interviewstore}는 빠르게 문제를 정의하고 다양한 실험으로 솔루션을 찾아가는 매우 유연한 조직이다. 다양한 실험 아이디어와 실행력도 이 브랜드의 장점이지만, 가장 큰 장점은 무엇보다 실험에 대한 유연한 사고다. 어떤 아이디어도 평가하기 이전에 반드시 실행을 거쳐 실제 사용자들의 피드백과 정량적인 데이터를 근거로 전체적인 서비스 개선에 반영한다. 보통의 온라인 편집숍이라면 고객이 좋아할 제품의 소싱에 오롯이 집중할 테지만 인터뷰스토어의 경우, 소싱은 물론 사이트 내에서의 사용자의 구매 경험의 향상을 통해 더 편리한 쇼핑 경험을 주고자 노력한다.

추가로 쇼핑 경험 향상 과정에서 최종 목표 전환(구매)과 관련된 선행지표를 발견하고 관련 지표의 값을 높이기 위한 방식으로도 실험을 진행하면서 자연스럽게 목표 달성을 높이고자 하는 시도들을 반복한다. 사실 이런 실험에 대한 열린 관점은 자연스럽게 팀 내의 불필요한 비판을 줄이고 건전한 피드백 문화를 만들 수 있게 한다.

한 가지 예로, 인터뷰스토어 사이트 내의 여러 가지 구매 관련 선행 지표 중 인스타그램 콘텐츠 클릭이 있었다. 그런데 이 액션을 실행한 사용자의 평균 전환율이 일반 사용자보다 2.5배 높왔다. 자연히 해당 액션을 확대하고자 하는 UX^user experience(사용자 경험) 실험이 진행되었는데, 이런 과정이 자칫 내부 크레이티브 팀에게는 도전 혹은 혼란이 될 수도 있다. 그럼에도 다양한 실험을 허락해준 크레이티브 팀 역시 단순한 팀의 욕심에서 벗어나 사내 전체가 추구하는 단일 지표의 목표 달성을 함께 본 것이다. 이는 결국 유연한 사고가 없다면 불가능할 수 있는 부분이다.

누구에게는 이런 것이 대수롭지 않게 느껴질 수 있겠으나, 현업에서 다양한 팀을 만나보면 팀의 업무 범위, 주도권, 리소스 등의 문제로 협업이 수월하게 이루어지지 않는 경우가 예상 외로 잦다. 이런 것이 심화되면, 자기 방어로 나타나고 타인이나 다른 팀을 비판하는 방향으로 확대되기도 한다. 한 번 믿음을 잃게 되면 서로의 책임을 물으며 문제의 원인을 떠넘기는 분위기가 형성된다.

비판을 할 수 있는지 없는지는 개인의 성향도 중요하지만, 조직 문화도 못지않게 큰 영향을 미치는 것 같다. 내가 아무리 누군가의 의견을 비판하고 싶어도 조직 문화가 그런 데 익숙하지 않다면 아무래도 서로 비판이 잦아들게 된다. 조직 내에서 쓸데없이 분란을 일으켜 나만 튀는 분위기를 누가 좋아하겠는가?

물론 비판이 꼭 필요한 순간들이 있다. 비판 줄이기는 비판 없애기가 아니라 의도적으로 비판을 줄이는 시점을 만들자는 것이다. 아이디어가 샘솟고 폭발하는 초기 시점에는 더욱 비판을 줄여야 한다. 좋은 아이디어도 한두 개에서 짠하고 만들어지는 것이 아니다. 아이디어의 절대량이 있어야 그 안에서 황금 같은 아이디어를 발견할 수 있다. 기획 초기에는 진짜 말도 되지 않는 엉뚱한 아이디어 하나도 아쉽다. 이런 상황에서 갑자기 비판이 툭 튀어나오면 아이디어가 솟아나는 샘을 아예 시멘트로 발라버리는 꼴이 된다. 비판은 다양성에 양보하는 것이 좋다.

chapter
04

실행까지의 기간을 줄여라

마케터는 야근을 사랑한다? 절대 그렇지 않다. 그럴 리가 있겠
는가. 그런데 질문을 해볼 필요가 있다. '왜 야근을 하는가?' 1차
적으로 일이 많다면 일을 줄여야겠지만 아직 경험해보지 않은 미
래의 데이터를 끌어다가 시나리오를 구성하면서 완벽한 기획서
를 만들고 있는 중이라면 미래의 영혼을 현재에 끌어오는 느낌과
다를 바가 없을 것이다.

1) 완벽한 기획서에 목매지 마라

모두에게 기획서는 중요하다. 그래서 더 완벽한 기획서가 있
으면 앞으로의 일도 잘 될 것 같고 미래의 리스크도 모두 방어해

낼 수 있을 것만 같다. 그런데 모두 잘 알지 않은가? 그럴 일은 절대 없다. 결국 내가 미처 생각하지 못했던 곳에서 이슈가 터지고 예측했던 수치는 한번쯤 맞지 않아야 도리어 정상인 것 같은 느낌이 든다. 마치 고장 난 시계가 하루에 두 번 시간이 맞는 것과 같은 꼴이다.

모두가 이렇게 일이 흘러갈 것을 알면서도 왜 완벽한 기획서를 원하는가? 아마도 나 혼자 일하는 것이 아니라 '함께' 일하기 때문일 것이다. 모두가 힘을 모아 나아가야 할 방향을 맞춰야 하고 각 단계마다 무슨 일이 벌어지고 처리해야 할지를 알아야 하기 때문이다. 그래서 완벽한 기획서는 마치 내비게이션처럼 팀 구성원 모두가 지름길을 찾도록 안내할 것으로 기대한다. 이것이 완벽한 기획서가 존재해야 할 타당한 이유이다.

2) 가설적 기획서를 구상하라

그런데 이러면 어떨까? 팀 모두가 저 완벽한 기획서의 존재 이유를 조금 다른 방식으로 비틀어보는 것이다. 더 빠른 소통과 대응으로 말이다. 예를 들어, 어떤 프로젝트가 10단계의 업무 절차가 있다고 하자. 1단계 아웃풋은 2단계에 직접 영향을 주는 구조이다. 이럴 경우, 10단계의 기획서를 한꺼번에 쓰는 일은 무의미할 수 있다. 업무 리스트를 나열하는 것이라면 의미 있을지 몰라도, 그 수치까지 담아내는 것은 시간 낭비이다. 단순히 보여주기 위한 기획서, 기획서를 위한 기획서에 불과하기 때문이다.

마케팅에 몸담고 있는 사람이라면 모두 알고 있다. 기획서를 작성하는 마케터에게 둘리의 '호이!' 같은 초능력은 존재하지 않는다. 설사 삐까번쩍한 기획서를 완성했다 하더라도 수치들은 모두 중간에 수정되며, 그에 따라 각 단계별 전략과 접근도 모두 달라진다는 사실을. 그래서 이렇게 순서를 비틀어보는 것이다. 1단계 실행 전략과 2단계 결과물 예상치만 가지고 우선 빠르게 실행한다. 한 마디로 '가설적 전제'를 미리 내리고 시작하는 것이다. 'A라면 B일 것이다.' 오로지 예상(때려 맞추기)만 가지고 이야기의 결론을 잠정적으로 내보는 것이다. 왕자를 발견한 라푼젤이라면 (A), 금발의 머리카락 타래를 성 밖으로 내릴 것이다(B)처럼.

이렇게 되면 기획서는 스릴러 드라마가 된다. '과연 주인공은 어떻게 될 것인가?' 이 전략에 동의한 팀 구성원들이라면, 1단계 실행에서부터 2단계 결과물이 나올 때까지 모두 게임 하듯 긴장감 있게 협업을 진행할 수 있다. 드디어 모두가 기다리던 2단계 아웃풋이 나온다. 그런데 이 드라마가 식스센스급 반전을 보여준다. 어떤 결과물이 나오든 기획서가 예측했던 수치와는 다를 가능성이 크기 때문이다. 모두의 예상을 빗나가는 전개에 팀원들은 도리어 찌릿한 스릴감을 느끼고 환호한다. 이에 맞게 시나리오가 그려져 있다면, 그에 맞는 빠른 실행을 하면 된다. 물론 2단계 결과물이 나오고 실행에 옮기는 과정에서 3단계 예측치와 결과에 맞는 실행 전략이 도출되어야 하겠지만.

이런 전략에서 중요한 것은 무엇일까? 바로 빠른 소통과 액션이다. 기동성 있게 팀 전체가 움직이고 유기적인 관계 속에 일사불란한 작업이 이루어지려면 가설적 기획서가 필요하다. 고정된 기획서, 뒤에 커다란 마침표^{period}를 찍은 기획서는 아름답지만 시시각각 변하는 상황에 대처하기에 둔탁하다. 쓰다 만 기획서, 뒤에 쉼표^{comma}를 찍은 기획서는 임의적이고 일시적인 중지로 유의미한 결과물을 얻어내기에 너무 가볍다. 나는 마침표와 쉼표가 나란히 붙은 세미콜론^{semicolon} 같은 기획서가 가장 바람직하

다고 생각한다. 한 때 세미콜론 운동을 시작했던 에이미 블루엘 Amy Bleuel은 "세미콜론은 저자가 문장을 끝내기로 선택했어야 하는데 그러지 않기로 결정했을 때 사용된다."고 말했다. 기획서는 이어진 문장이다. 기획서에 섣불리 마침표를 찍지 말라. 멈춘 듯 멈추지 않은 세미콜론이면 족하다.

3) 전체를 미리 그려보라

완벽함보다 더 중요한 것은 유연한 사고이며, 팀 내 협업 정신이다. 나는 언제나 팀장들에게 자신이 볼 수 있는 가장 먼 곳까지 내다보라고 이야기한다. 그래서 첫 입사하는 친구들이 일별 계획을 짜고 있다면 주차별 계획을 짜보는 것이 어떤지를 이야기하며, 주차별 계획을 짜고 있다면 월별 계획, 그 이후로는 분기별, 나아가 올해 계획을 짜보라고 한다. 원래 보고 있던 시야에서 한 단계 더 내다보라는 것이다. 미리 자신의 미래를 구성하다보면 어느덧 정의되지 않은 불안감으로부터 탈출할 수 있고 마음의 안정을 찾으며 빠른 실행을 할 수 있기 때문이다.

어, 이건 바로 앞에서 말했던 것과 다르지 않은가? 그렇다. 위에서 말한 바로 앞 단계별로 일을 처리하라는 것의 전제가 있다. 우선 전체를 미리 그려보라는 것. 이것은 절대 완벽한 기획서와 동의어가 아니다. 10단계를 미리 완벽하게 그려보라는 것이 아니라 머릿속으로, 혹은 종이에 완벽한 결과물을 내기 위한 여정을 그려보라는 것이다. 상상하듯, 글을 써내려가듯 묘사해보는 것이다. 여기에 일정한 로직은 없어도 된다. 논리적으로 앞 숫자와 뒤의 숫자가 연결될 필요도 없다. 그냥 상상해보는 것이다. 그리고 로직은 첫 스텝부터만 시작되면 충분하다.

이는 마치 여행 일정을 짜는 것과 같다. 사람마다 여행 습관이 다르다. 나는 일단 목적지를 정하면 매일 매일의 일정은 비교적 엉성하게 짜는 편이다. 여행 책자가 아무리 자세하게 잘 나왔다 하더라도, 현지에서 내가 직접 부딪치며 겪는 여행은 일정표와 다른 경우가 많기 때문이다. 여행을 떠나면 언제나 무수한 변수들과 마주치게 된다. 완벽한 기획서는 필요 없다. 전체를 상상하고 먼저 실행하자. 그리고 결과물을 빠르게 소통하고 신속하게 실행하자. 그것이 우리가 완벽한 기획서보다 더 완벽해질 수 있는 방법이다.

사례 그래비티나인

그래비티나인Gravity9은 구매 전환율을 높이기 위한 웹사이트 솔루션을 개발한다. 웹에서의 고객 행동 데이터를 추적하면서 쌓은 노하우를 웹의 제품 판매 상승으로 연결되는 솔루션과 결합하여 마케팅의 자동화와 최적화 서비스를 제공한다. 이 솔루션 서비스 역시 처음부터 다양한 솔루션을 개발하고 잘 준비한 후에 광고를 집행해서 고객을 만난 것이 아니다. 바로 첫 스텝부터 우리가 지금 할 수 있는 것에만 집중했다.

우선 이미 여러 테스트와 최적화 서비스를 컨설팅과 대행의 형태로 시장에 제공하고 있는 우리로서는 이러한 니즈가 시장에 이미 존재한다는 것을 알고 있었다. 그러나 사용자가 이것을 솔루션 형태로 소비할까가 앞으로 더 나아가기 위한 가장 큰 질문이었다. 그래서 이 질문에 대해 우리 팀이 자신감을 갖지 못한다면 추가적인 스텝을 밟기가 쉽지 않았다. 그래서 우린 먼저 이 질문에 대한 답변을 얻기 위한 테스트를 준비했다. (테스트는 이미 우리가 잘 하고 있는 것이 아닌가?)

가장 먼저 한 일은 이 서비스에 대해 설명하는 간단한 영상을 만들었다. 영상이라고 거창한 것이 아니었다. 가지고 있던 아이폰(4년째 쓰고 있는 아이폰SE)으로 사무실에서 30분 만에 촬영을 마쳤고, 어색한 부분은 잘라 내어 간단히 편집을 마쳤다. 영상의 구체적인 내용은 이랬다. '새로운 서비스를 만들 예정인데, 이에 베타테스터 100팀을 초대하니 관심 있다면 메일 주소를 남겨주세요.'였다. 그리고 페이스북 노출 캠페인 광고를 집행했다. 손쉽게 100팀이 모였다. 고객 획득 단가를 알아보니, 이메일 하나를 수집하는데 약 9,000원 정도가 소요됐다. 이 중에서 실제 약 20%가

유료로 전환하고자 하는 니즈가 있었으니, 실제 고객의 계정 하나 당 수익이 발생할 수 있는 조건이 되었다. 이 테스트를 위해 광고에 집행된 금액은 채 100만 원이 되지 않았다.

실제로 서비스를 정식 런칭하거나 대대적인 마케팅을 진행하지 않고 간단한 테스트만으로도 서비스나 비즈니스 모델이 시장에서 긍정적인 반응을 만들지는 쉽게 알아볼 수 있다. 역시나 가장 중요한 것은 첫 스텝이다. 전체를 그린 후에 가장 먼저 해야 할 일을 정해야 한다. 그리고 그 일을 가장 쉽게 진행할 수 있는 환경을 만들고 그 일을 당장 시작하면 된다. 빠른 실행은 이런 빼기 프로세스에서 만들어진다.

고객이 느끼는
고통을 줄여라

자신이 행동가라고 여기는 사람은
고통을 느끼는 사람이기도 하다.
라마나 마하르시

다양한 프로젝트를 진행하다 보면 문제 해결이 쉬운 프로젝트가 있는 반면, 그렇지 않은 것도 있다. 그 이유를 곰곰이 생각해 보면, 제품이나 서비스가 품고 있는 메시지가 무엇에 집중되어 있는가에서 그 원인을 찾을 수 있다. 주관적인 욕구 충족이나 디자인, 감각 등을 비즈니스의 핵심 가치로 내세우는 경우, 마케팅을 진행할 때 고객이 공감할 수 있는 메시지나 전략을 수립하는 것이 쉽지 않다. 담당자가 아무리 뛰어난 공감의 고수라 하더라도 반드시 공감하지 않는 반대 세력이 조직 안팎에 생길 수밖에 없으며, 비록 성공한다 하더라도 그것을 수치로 확인할 수 없기 때문이다.

다만 무엇이든 고객의 불편함을 해결하고 고통을 덜어주는 솔루션의 관점에서 접근하면 문제는 예상 외로 쉽게 풀릴 수 있다. 패키지 디자인이 수려하고 예쁘다는 메시지보다 이 패키지가 디자인 공학적으로 고객이 제품을 사용하는 과정에서 발생하는 문제를 어떤 방식으로 해결하는지가 더욱 고객의 공감을 살 수 있다는 말이다. 의뢰인의 애로사항을 파악하는 것이 마케터의 첫 번째 작업이 되어야 하는 이유이다. 애로^{隘路}는 한자로 '좁은 길'이라는 뜻이다. 말 그대로 애로는 지나다니기 힘든 좁고 협착한 길이지만, 동시에 문제의 범위가 좁아졌다는 의미도 된다.

1) 고객의 고통을 느껴라

기획의 핵심은 고객이 느끼는 '고통'에 있다. 마케터는 종종 제품과 서비스에만 집중하는 경향이 있다. 이 제품이 어떤 측면에서 경쟁사 제품보다 우수한지, 혹은 제품 자체가 어떤 특장점을 가지고 있는지, 어떻게 하면 단가를 낮추고 수익을 올릴 수 있는지 말이다. 결국 USP 관점에서 나열된 메시지만 넘쳐날 뿐이다. 하지만 여기에 고객이 느끼는 고통이 빠진다면, 이 제품이 정말 필요한 고객이라 할지라도 내 기획에 전혀 관심이 없을 것이다. 기획 안에 공감이 없기 때문이다.

공감共感은 한 마디로 '같이 느끼는 것'이다. 고객이 느끼는 불편을 마케터가 1인칭이 되어 같이 느껴보는 것, 그것이 공감이다. '매일 이런 문제를 겪다니 정말 불편하겠다.' '이걸 계속 참아왔다는 거야?' 이처럼 공감은 마케터로 하여금 제품에 대한 관심을 환기시키고 나아가 사용자를 안쓰럽게 여기도록 만든다. 그래서 영어로는 공감sympathy이 동정同情이라는 뜻을 수반하는 것이다. 액션을 취하려면 자발적으로 고통을 느끼는 사람sufferer이 되어라

결국 마케터는 마케팅 메시지를 만들기 전에 반드시 아래와 같은 두 가지 과정을 거쳐볼 필요가 있다.

1. 고객 입장에서 해당 제품을 직접 사용하며, 불편한 점과 기존 솔루션들의 문제점을 정의한다. (ex.칫솔이라면 다른 칫솔로 이를 닦아본다던지, 치아 미백을 직접 알아본다던지 등등)

2. 고객 입장에서 해당 제품을 사용하며, 위에서 알게 된 문제들을 해결할 수 있는 방법이 있는지 경험을 통해 직접 확인한다.

2) 다양한 사람들의 경험을 청취하라

중요한 것이 하나 더 있다. 위 경험은 최대한 다양한 인원들이 참여해 진행해야 한다는 점이다. 동일한 제품이라도 20대와 30대

가 느끼는 바가 다를 것이며, 여성과 남성이 느끼는 바가 다를 것이다. 같은 생리대라도 10대 여학생들과 20대 여성 직장인이 경험하는 바가 사뭇 다를 것이다. 같은 면도기라도 턱수염을 미는 남성과 전신을 쉐이빙하는 남성이 느끼는 바가 전혀 다를 것이다. 이를 통해서 우린 다양한 각도에서 고객의 문제를 정의하고 해당 제품이 특정 고객에게 이야기해야 하는 공감 포인트가 무엇인지 찾아낼 수 있다.

주사위를 한 번 던져 1이 나왔다면, 100%의 확률로 1이 나왔다고 무턱대고 믿을 수 있다. 하지만 주사위를 수십 번, 수백 번, 수천 번 던질수록 1이 나올 확률은 6분의 1로 수렴한다. 경험도 마찬가지이다. 한두 사람의 피드백만 가지고 시장 전반의 반응을 판단할 수 없다. 되도록 다양한 계층의 평가와 반응을 취합해야 한다. 양volume과 다양성variety은 마케터가 고객의 경험을 대신하고 문제점에 대한 솔루션을 제시하는 데 명심해야 할 부분이다. 물론 현실적으로 이것이 쉬운 작업은 아니다. 이 부분은 뒤에서 다시 설명하도록 하겠다.

사실 우리가 누군가와 대화할 때, 상대방의 공감을 느낄 수 있는 표현이나 단어만 선택해도 상대는 상체를 내 쪽으로 기울이며 귀를 쫑긋 세우지 않던가. 마케팅에서도 그렇다. 고객의 공감을 이끌어야만 우리가 그 다음에 하고 싶은 말을 할 수 있다. 당신이 지금 만드는 마케팅 메시지가 과연 어디에서부터 시작되었는가 확인해 보자. 고객의 불편한 경험으로부터 시작되었는가, 아니면 당신이 말하고 싶은 제품의 장점으로부터 시작되었는가, 한두 사람에게 물어본 경험인가, 아니면 최대한 많은 이들의 답변을 통해 얻어진 경험인가?

사례 브러쉬몬스터

브러쉬몬스터brushmon.com는 어린이들의 양치 습관을 개선해주는 양치 솔루션이다. 양치 습관을 개선해주는 하드웨어, 칫솔과 연동되는 앱 서비스를 개발하여 고객과 소통하는 것을 비즈니스의 핵심으로 삼았다. 아이를 키우는 사람이라면 누구나 아이들의 양치 습관이 중요하다는 것에 공감한다. 제때 규칙적으로 위아래 구석구석 양치질을 해야 하는데 아이 스스로 하게 되면 여러 가지 이유로 올바른 양치 습관을 들이기가 쉽지 않다. 그래서 부모들이 몇 번이고 옆에서 잡아준다. 하지만 조금만 방심하면 금세 양치질이 잘못되어 아이들 치아에 충치가 생긴다. 브러쉬몬스터는 이 부분에 착안하여 아이들이 앱 화면을 보면서 게임을 하듯이 재밌게 양치질을 할 수 있도록 돕는다. 캐릭터의 유도에 따라 양치질을 올바르게 따라하면 점수도 쌓이고 화면 구성도 바뀌어 오래 집중하기 힘들어 하는 어린이들의 흥미를 끌기 충분하다.

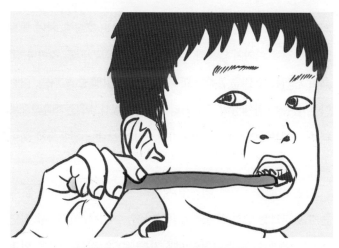
아이의 올바른 칫솔질은 엄마의 문제 해결이다.

이 서비스의 최대 장점은 실소비자인 아이들의 양치 습관 개선을 한 눈에 확인할 수 있다는 데 있다. 그리고 이로 인해 얻어지는 부수적인 장점은 부모가 아이들의 양치 습관을 길들이기 위해 더 이상 힘을 빼지 않아도 된다는 것이다. 아이들의 습관 개선은 이미 여러 고객들의 후기 영상과 사진만으로도 쉽게 입증된다. 그런데 이 과정에서 고통은 무엇일까? 멀리 갈 것도 없다. 바로 부모의 '수고로움'이다.

서비스를 사용하는 아이들의 양치 영상을 보면서 저절로 눈이 가는 곳은 열심히 양치질을 하는 아이보다는 밝게 웃는 엄마, 아빠의 모습이다. 매우 흥미로운 부분이다. 더 이상 그들은 아이들의 양팔을 잡고 입을 강제로 벌려가며 때로는 호통을 치며 억지로 양치질을 시키지 않는다. 한 마디로 고통이 사라진 것이다. 고객이 느끼는 고통을 공감하고 이를 확실히 없앨 수 있다면, 이는 아주 훌륭한 마케팅의 소통거리가 될 수 있다. 이를 지속적으로 더 확대해본다면, 여기서부터 자연스럽게 브랜딩 활동으로 이어질 수 있다.

이런 사례를 토대로 당신의 서비스 사용자가 어떤 고통을 겪는지 살펴보는 일이 얼마나 중요한지 알 수 있다. 마케팅을 하면서 고객에게 어떤 매력적인 메시지를 전할까라는 질문은 아마도 모든 마케터들에게 공통의 과제일 것이다. 이때 가장 쉬운 방법은 고객 돕기이다. 어떻게 그들을 도울까라는 생각을 하면, 메시지 역시 생각보다 쉽게 찾을 수 있다. 그럼 무엇을 도와야 하는가? 이미 건강한 이들에게 찾아가 더 건강해질 수 있는 방법을 설명하는 것은 효과적이지 않다. 그러니 건강함이 간절히 필요한 이들을 찾아야 한다. 그리고 그들의 건강에 대한 간절함에 경청하고 도움을 줘야 한다.

바로 우리가 생각하는 고객의 문제에 집중하는 것이다. 고객의 머릿속을 떠나지 않는 문제 말이다. 단순한 문제가 아니라 하루 종일 잠들기 직전까지 그들을 괴롭히는 문제. 그것만이 힘들게 설득하지 않아도 손쉽게 우리의 제품을 필요하게 만들 수 있다. 또한 우리를 주변에 추천해줄 충성고객을 만들 수 있다. 직접 물어보고 소비자가 되어 경험해 보고 비슷한 경험을 가진 이들과 이야기를 해보면, 문제에 조금 더 가깝게 다가갈 수 있다. 그래서 문제를 통해 고통을 정의하고 이 고통을 해소해주는 것이 자연스럽게 세상을 바꿀 아이디어가 되고 나아가 대박 나는 제품이 되는 것이다.

고객의
이동 경로를
줄여라

그 어떤 것도 경험되기 전까지는 현실이 되지 못한다.

존 키츠

웹사이트 내에서 고객이 느끼는 가장 흔한 불편은 내가 원하는 정보까지 도달이 쉽지 않다는 데에 있다. '뭔 놈의 창이 이렇게 많이 뜨는지, 쩝.' 웹사이트에는 다양한 이해관계자가 있다. 대표적으로는 고객과 서비스 제공자이다. 서비스 제공자는 잠재 고객에게 전달하고 싶은 메시지가 많다. 한편으로 고객은 내가 원하는 것을 단번에 찾고 달성하고자 하는 목적까지 걸리는 시간과 노력을 줄이고 싶어 한다. 이 상반된 욕구가 서로 충돌하는 것은 어찌 보면 당연한 결과이다.

이때 먼저 알아야 할 중요한 사실이 하나 있다. 고객의 구매 여정에 드는 시간과 노력을 줄인다는 것은 웹사이트 내 클릭 수나 페이지뷰 수를 줄인다는 단순한 의미가 아니라는 점이다. 아마 더 적은 페이지뷰로 고객을 설득해야 한다면 고객 입장에서 구매 전까지 필요로 하는 정보가 오히려 부족할 수 있다. 이는 자칫 구매까지 이어지는 탐색 시간을 길게 만들어 결과적으로 고객 경험을 해치게 된다.

그렇기에 능숙한 마케터라면 고객의 이동 경로를 줄일 수 있는 적절한 경험을 디자인하여 구매 전 과정에서 이를 제공할 것이다. 그런 의미에서 아래 두 가지 질문은 매우 중요하다. 이 질문을 스스로에게 함으로써 경험 디자인을 쉽게 찾을 수 있을 것이다.

1) 유입 목적에 맞게 제시해야 할 경험(메시지)은 무엇인가

마케터라면 여러 가지 다양한 매체를 통해 잠재 고객을 웹사이트로 유입시키려고 할 것이다. 그런데 만약 콘텐츠는 다양한데 경험하는 시작점이 모두 같다면 어떨까? 제품을 구매하려는 사람에게도, 브랜드도 인지하지 못한 사람에게도, 관심이 생겨서 더 자세한 설명이 필요한 사람에게도 모두 똑같은 랜딩페이지를 제시한다면 말이다. 물론 이럴 경우, 담당 마케터는 매우 편할 것이다. 준비할 것이 단순하니 말이다. 하지만 조금은 번거롭더라도 고객이 웹사이트에 방문한 목적에 따라 보여줘야 할 메시지가 달라야하지 않을까?

되도록 고객의 방문 의도에 맞게 경험들을 구성하는 것이 좋다. 브랜드 인지가 필요한 고객에게는 브랜드 미션이나 신뢰 메시지를, 구매가 목적인 고객에게는 그와 비슷한 고객들의 구매 만족도나 구매 필요에 대한 즉각적인 메시지를 제시해주는 것이 좋다. 상상해보라. 저녁 늦은 시간에 친구가 막창에 소주 한잔하자고 해서 나갔더니, 갑자기 자기는 술 마시기 싫다며 탄산음료만 홀짝 거리고 있다면? "나 왜 불러낸 거냐?"며 한 대 쥐어박고 싶지 않겠는가?

2) 목표 달성을 위해 사전에 반드시 필요한 고객 경험은 무엇인가

다양한 경험들이 하나하나 쌓여 목표를 달성하는 경우도 있지만, 간혹 '결정적인 한 방(소위 MOT)'이 곧장 나를 목표점으로 데려다주는 경우도 있다. 그래서 그 결정적인 한 방의 경험은 반드시 고객의 구매 결정 우선순위와 연결되어 있어야 한다. 물론 다양한 고객의 모든 구매 결정 우선순위를 미리 맞추고 준비해둘 수는 없다. 그건 시간이 해결해줘야 할 문제이다. 그러니 초반에 유일한 하나의 욕구를 충족시켜 줄, 구매 결정 우선순위를 찾아야 한다. 결국 브랜드가 가장 주목하는 타깃이 될 것이다. 분명한 페르소나를 가지고 있는 타깃이나 마켓셰어를 쉽게 넓힐 수 있는 타깃이 될 것이다.

그 고객의 구매 결정 우선순위가 무엇이냐에 따라 우린 사전 경험을 손쉽게 설계할 수 있다. 바로 그 구매 결정 우선순위가 달성되었을 때, 감정과 느낌을 미리 맛보게 해줄 수 있으면 된다. 저렴한 가격을 통해 경제적인 이점이 있다는 것을 어필하고 싶은가? 그럼 얼마나 할인 받을 수 있는지, 할인 금액은 어떤 가치를 가지고 있는지 보여줘라. 고객이 당신의 제품의 내구성을 걱정하는가? 그럼 벽이나 바닥에 내려치더라도 멀쩡한 제품의 영상을 보여줘라. 고객의 머릿속에 그가 원하는 것을 그려주는 소통은 구매 설득력이 매우 높기 때문에 아주 중요한 세일즈 요소다. 그러니 구매에 영향을 주는 사전 경험을 신속하게 설계하여 당신이 웹이나 앱에서 작동되도록 하자.

3) 남들과 달리 제공할 수 있는 차별화된 경험은 무엇인가

경험을 단순 디자인으로 생각하는 경우가 종종 있다. 물론 아름다움이 그 제품이나 서비스의 강점이라면 그래야 하는 것이 맞을 것이다. 고객의 구매 결정 우선순위도 트렌디한 아름다움이라면 미적 관점의 디자인은 중요한 경쟁 요소가 될 수 있다. 하지만 이런 전제가 없다면 디자인은 '경험 개선'에 초점이 맞춰줘야 한다. 무엇이든지 고객의 생각과 경험에 초점을 맞추고 개선되어지

"그 집은 막창보다 계란찜이 맛있지."

는 과정이 있어야 시장에서 차별화된 솔루션(제품, 서비스)이 될 수
있다.

의외로 어느 막창집의 성공 비결은 막창의 맛뿐만 아니라 서
비스로 딸려나가는 계란찜 때문일 수도 있다. 이럴 경우, 그 막창
집이 맛집으로 인기를 유지하려면 막창만큼이나 계란찜의 퀄리
티도 계속 끌고 가야 한다. 실제로 메인 메뉴의 인기를 뛰어 넘는
차별화된 안주거리가 가게 매출에 상당한 위력을 발휘하는 일이
다반사이다. 결국 남들과 다른 서비스는 고객 입장에서 경험을
디자인했기 때문에 가능하다.

여성 네일 브랜드인 데싱디바dashingdiva.co.kr의 장바구니 페이지 경험 개선은 고객 경험 개선 측면에서 모범이 되는 사례다. 사용자의 구매 객단가를 높이기 위한 목표를 가지고 경험 개선을 진행했다. 이미 2만 원 이상의 제품을 구매하는 고객에게는 배송비 무료 정책이 있었으나, 이 정책 내용은 대부분의 사용자가 인지하지 못하고 있었다. 그래서 우리 팀은 장바구니 페이지에 도착한 사용자 중 2만 원 이하의 제품을 담은 사용자에게만 특별한 경험을 제공하고자 했다.

우선 2만 원 이상 구매를 할 사용자에게 배송비 정책은 크게 의미 있지 않다. 이미 2만 원 이상을 담았기 때문에 추가적인 배송비 관련 메시지는 오히려 부드러운 구매 여정을 해칠 수 있다. 그래서 장바구니에 2만 원 이상을 담은 사용자에게는 그 어떤 혜택의 메시지도 보여주지 않는다. 단 2만 원 미만의 제품을 담은 사용자에게만 해당 혜택 메시지를 보여 주었다. 해당 유저가 장바구니 페이지에 도착하게 되면, 2만 원과의 차액을 팝-업으로 띄워 인지시켜주었고, 더불어 차액의 금액으로 구매할 수 있는 제품 페이지로 접근 가능한 버튼Call to Action을 팝-업에 삽입해 해당 페이지로 이동을 편하게 만들었다.

일주일간의 해당 경험 개선을 통해 매출의 약 24%가 상승하는 놀라운 결과를 얻었다. 결국 AB 테스트로 진행하던 이 경험 실험은 대안 페이지가 원본을 대체하도록 만들었다. 내가 이 실험에서 배운 것은 더 나은 경험이 반드시 포함하고 있어야 하는 다음과 같은 질문이다.

첫째, 사용자의 구매 여정 중 사용자가 질문을 가질 법한 경험은 미리 제거할 수 있는가? 데싱디바의 경우, 2만 원 이상 구매자에게만 배송비 혜택을 제공했고, 이로 인해 자신의 구매액과 2만 원과의 차액, 그리고 그 차액으로 구매 가능한 제품 등이 무엇인지 알고 싶어한다. 이 궁금증을 미리 제거해 고객의 이탈을 막고 전환율을 높일 수 있었다.

둘째, 사용자에게 전달해야 할 메시지를 잘 전달하고 있는가? 마케팅 담당자가 가장 많이 하는 착각은 '우리의 메시지를 고객은 이미 다 알고 있다.'이다. 절대 그렇지 않다. 고객은 우리가 친절하게 요목조목 알려주지 않으면 절대로 우리가 하고 싶은 이야기를 알지 못한다. 할인 혜택도 그렇다. '배너에 대문짝만하게 올렸으니 잘 알겠지.'라는 생각은 위험하다. 정보가 필요한 고객의 행동을 잘 살펴보고 우리 메시지를 잘 이해할 만한 곳에서 안내해야 한다. 고객의 경험 개선은 몇 번을 강조해도 과함이 없다. 고객의 목표 달성을 돕는 일이 결국 서비스 개선이다.

최소한의 가설 검증을 위한 전략만 실행하라

불필요한 가정은 면도날로 잘라내라.

오컴의 면도날

　최근 어느 잠재 고객과의 전략 회의 때 있었던 일이다. 자사 브랜드를 가지고 마케팅을 진행하려던 모 고객사(이름을 밝힐 수 없어 죄송!)는 프로모션한 제품을 어떻게 시장에 안착시킬 것인가를 알고 싶어 했다. 그런데 이미 나를 만나기 전 고객사는 머리를 쥐어짜며 여러 가지 되도 않는 고민을 한 흔적이 역력했다. 그래서 그랬는지 괜히 시작점에 내가 제시한 단계보다 복잡하고 불필요한 과정들을 삽입하려고 했다. 회의 중에 당연히 번거롭고 장황한 가설들이 제시되었고, 급기야 고객은 캠페인을 시작할 엄두조차 내지 못했다. 그렇게 몇 차례 후속 회의를 가졌지만 논의는 계속 헛바퀴를 돌았고 여기저기서 튀어나온 가설들을 정리하느라 이야기는 한 치도 앞으로 나아가지 못했다. 결국 고객사는 기획을 접고 말았다.

마케팅 전략을 짜다 보면 이러한 일이 가끔 일어난다. 마케터로서 매우 안타까운 일이다. 우리는 가설과 검증을 매우 중요한 과정으로 여기면서도 이 과정을 대체 어떠한 방식으로 해야 하는지에 대해선 배우지 않았다. 물론 적절한 가설을 세우는 작업은 결코 쉬운 일이 아니다. 하지만 가설에 치여 일을 시작도 못해서야 되겠는가. 사실 가설이란 시작과 함께 나오는 다양한 피드백으로 만들어지는 것이다. 일단 첫 발을 떼면 그에 따른 가설이 줄줄이 나오기 마련이다. 그래서 시작도 하기 전에 '그렇지 않을까?' 하는 생각으로 섣부른 가설들을 만들게 되면 그 가설들에 치여 아예 시작도 하지 못하는 우를 범하게 된다.

1) 오컴의 면도날이 필요하다

14세기 영국의 프란치스코회 수도사였던 오컴의 윌리엄 William of Occam(베컴이 아니다!)은 "단순한 답이 정답이다."라고 말했다. 얼마나 심플한 답인가. 어떤 현상을 설명할 때 불필요한 가정을 덧붙여야 가능한 논증은 사실이 아닐 확률이 높다는 것이다. "모든 전제가 동일할 때 필요 없이 설명을 장황하게 늘어놓지 말라." 김 대리가 오늘 회사에 지각했다고 가정해 보자. 윤 팀장은 김 대리에게 이유를 묻는다. 김 대리는 "아침에 나가다가 열쇠를 잃어버려 다시 집에 들어가고, 그것 때문에 지하철역까지 나가는 마을버스를 놓쳤습니다. 그래서 매일 타던 8시 지하철을 놓치고, 공교롭게 오늘따라 회사 건물의 엘리베이터가 공사 중이라 12층까지 계단으로 뛰어올라오느라 늦었습니다."라고 말한다. 김 대리가 평소에 근태가 어떠했는지 알 수 없지만, 그의 대답은 "오늘 아침에 그만 늦잠을 자고 말았습니다."라는 말과 다르지 않다.

때에 따라 김 대리는 이런 간단한 설명이 억울할 수 있을 것이다. 단순히 늦잠 잔 이유로 자신의 지각을 퉁치는 윤 팀장이 야속하게 느껴질 것이다. 그렇다고 문제의 본질이 바뀌지 않는다. 오컴은 문제를 해결할 때 되도록 그 문제에 접근하는 전제를 단순화하라고 말한다. 정답에 이르는 과정에 붙어 있는 모든 군더더기를 이성의 면도날을 가지고 싹 베어버려야 정답에 가장 빠르고 정확하게 도달할 수 있다. 후대 사람들은 이를 두고 오컴의 면도날이라고 불렀다. 마케터들이라면 한 번쯤 곰곰이 생각해 볼 부분이다.

2) 최소한의 가설을 검증하라

마케팅 전략을 세울 때에는 여러 복잡한 가설들이 필요하지

오컴: "싹 다 밀어주세요!"

않다. 사업이든 마케팅 캠페인이든, 우리에게 필요한 것은 완벽한 가설이나 기획이 아니다. 어차피 계획을 실행하면 다 달라질 것이니 말이다. 내가 마케팅 전략을 잡을 때 복잡한 가설을 다 걷어내고 하나의 상황에 한 가지 가설만 적용하는 것이 그 때문이다. 상황이 복잡할수록 최소한의 가설과 최소한의 기획만이 필요하다. 그리고 빠른 실행과 빠른 피드백, 단 두 가지로 지속적인 가설 검증이 이루어져야 하며, 그에 따라 서비스나 마케팅이 전개되어야만 한다.

그럼 최소한의 가설 검증은 어떻게 할까? 가령, 다이어트 앱(이름이 '내살드라'라고 해보자!)이 있다고 하자. 내살드라 마케팅 캠페인은 소비자들이 다이어트 앱을 다운받고 그 안에서 다양한 상품들을 구매할 수 있도록 하는 것이다. 실제 이 서비스가 성공하려면 구매가 이뤄져야 한다. 이때 세울 수 있는 최소한의 가설과 검증은 무엇일까? 바로 '구매'를 확인하는 것뿐이다. 당장 왜 구매를 확인해야 하는지 의문이 들 수 있다. '다이어트 앱의 반응을 보려면, 포털사이트에서 내살드라를 서치한 검색 수, 내살드라 앱을 직접 내려 받은 다운로드 수, 아니면 앱 내에서 벌어지는 댓글이나 추천 등 활동의 보조 지표(마이크로 골)도 중요하지 않나?' '구매 수만 가지고 내살드라 앱에 대한 잠재 고객들의 반응을 모두 조사했다고 할 수 있나?' 대번 이런 의구심이 몽글몽글 올라올 것이다.

3) 전략 다이어트가 필요하다

하지만 절대 그렇지 않다. 선행 검증은 선행 액션과 후행 액션의 연관성이 있을 때만 판단이 가능하다. 즉, 구매까지 데이터가 확인되어야 그 선행 액션에 의미가 부여되는 것이다. 아무리 네이버에서 내살드라를 수천 건 검색한다 해도 구매 데이터가 없으면 무의미하다. 내살드라 마케팅 캠페인이 성공하려면, 결국 구매까지 이어지는 고객의 경험이 필요하다. '아냐, 아냐! 결국 모든 게 다 있어야 되잖아?' '보다 완벽한 기획서가 있어야 하는 거 아냐?' 절대 그렇지 않다. 면도기를 들고 있는 오컴을 떠올려라. 가설을 줄여야 한다. 100개의 SKU(스톡 키핑 유닛)가 있는 이-커머스 서비스를 생각하고 있다면 10개, 1개의 SKU로 먼저 서비스를 테스트해 볼 수 있다. 원래 1개의 SKU를 생각하고 있다면 해당 제품의 USP(특정 판매 제안), 브랜드 메시지만으로도 구매 문의를 얻을 수 있는지 테스트해 볼 수 있다. 이렇게 간단해야 검증이 용이하다.

정작 내살드라 앱에 필요한 것은 전략의 다이어트다! 전략을 줄여야 한다. 촘촘한 기획은 내 안에서 불안을 줄여주지만, 전략 다이어트와 빠른 실행은 불안 자체를 없애준다. 이유는 간단하다. 기획에는 확신이 없지만 가설 검증 과정에는 매 단계로 나아갈 때마다 확신이 커지기 때문이다. 그러니 마케터 직함을 가진 당신도 오늘부터 전략 다이어트를 실행해보라.

사례 CJ ENM. 인마이포켓

사실 최소한의 가설 검증은 서비스나 비즈니스 모델에만 국한되지 않는다. 하루에도 수없이 올라오는 제품들에 대해 광고 전략을 수립해야 하는 대형 커머스 사이트에도 최소한의 가설 검증이 필요하다. 최근 마케팅 트렌드를 보면 브랜딩 차원에서 사용자의 메인페이지 랜딩을 유도하는 광고보다는 각 제품의 이해를 돕고 관심을 환기시키려는 상세 페이지 랜딩이 더 자주 보인다. 브랜드 메시지보다는 각 제품의 특장점으로 광고 소재를 제작하기가 용이하고 실제로 광고 매체의 더 높은 성과도 기대할 수 있기 때문이다.

그럼 결국 각 제품마다 어느 정도의 볼륨으로 광고 예산을 잡아야 하는가의 질문이 생긴다. 이 사이트의 LTV(고객 평생 가치)나 CAC(고객 획득 비용)를 전 제품에 동일하게 적용할 수 없기에 각 제품마다 광고의 ROAS(광고비 대비 매출액) 지표를 기반으로 광고 운영의 단계를 구분하기로 했다. 이때 이 단계의 첫 번째 단계가 최소한의 가설 검증이 된다.

팔릴 거라 기대하고 들어온 제품은 팔려야 한다. 이게 첫 번째 가설 검증이다. 그러니 구체적인 마케팅을 하지 않고 이 제품을 보여주는 것만으로도 관심을 유발하고 구매하는지를 살펴봐야 한다. 그래서 각 신규 제품은 전환 광고만을 통해 내부에서 정해둔 ROAS 지표를 넘는지 관찰하며, 이 ROAS 지표를 넘기게 될 경우, 그 다음의 매체 플래닝에 맞춰 광고를 운영하게 된다.

반대로 이 지표를 넘지 못하게 된다면, 최소한의 가설 검증이 되지 않았다는 판단 하에 해당 제품에 더 이상 마케팅 리소스를 투입하지 않는다. 간혹 해당 제품의 성장력을 단 한 번의 가설 검증으로 마치긴 어렵다는 의견도 있다. 물론 그럴 수 있다. 하지만 수없이 많은 SKU를 확보하는 대형몰의 경우, 빠른 실행과 의사결정, 그리고 개선은 필수적이다. 모두가 동의할 수 있는 최소한의 가설 검증 프로세스가 필요하다. 이를 통해 성장 가능한 곳에 회사의 더 많은 자원과 에너지를 집중시킬 수 있다.

위 사례의 경우, 쇼핑몰에 제품 SKU를 늘려가면서 판매가 될 것이라 예상되는 제품에 마케팅 비용을 쏟고 그렇지 않은 제품은 과감하게 쇼핑몰에서 판매를 중단한다. 이 회사에 제품을 선별하는 MD만 20명이고 그들이 하루에도 2~3개의 제품을 찾고 판매 제안을 하니, 어느 제품에 한정된 마케팅 예산을 써야 할 지가 마케팅 팀에서 중요한 과제인 것이다.

그래서 각 제품이 수익을 낼 수 있느냐를 초기에 간단한 콘텐츠만으로 판단하는 것이다. 이때 중요한 지표가 LTV, CAC가 된다. 결론적으로 한 명의 고객을 만들기 위해 얼마를 쓰고 그 고객은 얼마를 벌어다 주냐는 말이다.

과거에 디지털 매체를 활용하여 광고를 하면 이 지표들을 판단하기가 쉽지 않다. 물론 기간을 기준으로 얼마 쓰고 얼마 벌었는지 체크하면 되지만 고객 당 데이터로 정확하게 산출하기가 어려웠다. 하지만 이제 데이터 분석을 손쉽게 할 수 있어 위 지표뿐만 아니라 역으로 어떤 고객이 더 가치 있는 고객인지 다양한 데이터를 통해 효율적이고 효과적인 마케팅 운영이 가능한 것이다.

위 사례의 브랜드는 빠른 데이터 분석의 결과를 바로 마케팅에 대입하여 운영하다보니, 집중할 수 있는 제품들을 빠르게 확인할 수 있었다. 또한 전체적인 마케팅 효율을 높일 수 있었다. 불필요한 단계와 가정을 모두 제거하라.

2
PART

더하기
加
add

성공 방정식을
다른 제품(서비스)에
더하라

진정한 지식을 늘리는 모든 더하기는
인간 능력을 늘리는 것이다.
호레이스 만

제품을 판매하는 고수들은 저마다 노련한 방식이 있다. 그럼 고수들에게 배워야 할까? 다행히도 그 노하우는 거의 대부분 인터넷에 공개되어 있다. 웬만한 요리 레시피는 네이버에 한두 번 검색하면 나온다. 백종원의 황금 레시피에서부터 이연복의 중식 레시피에까지 마음만 먹으면 어디서고 정보는 얻을 수 있다. 그럼에도 모두가 요리를 잘 하지는 않는다. 레시피를 그대로 적용하기 힘들기 때문이다. 바로 이 틈새를 채우는 것이 경험치이다.

만랩은 하루아침에 얻어지지 않는다. 인터넷에 넘쳐나는 정보들만 가지고 우리 모두가 백종원이 될 수는 없다. 레시피만으로는 음식을 만들어낼 수 없기 때문이다. 그래서 백종원은 솔루션을 제시할 때마다 입버릇처럼 말한다. "괜찮아유. 가르쳐줘도 못해유." 마케팅도 마찬가지이다. 노하우는 당신이 판매하는 상품과 서비스에 따라, 그리고 누구에게 판매 하느냐에 따라 달라질수밖에 없다. 한 번 성공했다 하더라도 모든 상품에 그 정보를 동일하게 적용해서는 안 된다. 결국 노하우를 적재적소에 응용하려면, 기초를 완벽하게 습득해야 한다.

성공 방정식이라 불리는 노하우들을 인터넷 블로그나 유튜브 강의 등을 통해 배워도 결국 실행을 통해 내 것으로 만들지 않으면 아무런 소용이 없다. 예시 정보만 가지고 고스란히 따라하는 것 역시 성공하기 어렵다. 심지어 고수가 숟가락으로 떠먹여줘도 받아먹을 수 없다. 마케터가 취급하는 제품과 서비스, 고객이 서로 다르기 때문이다.

1) 기초적인 고객 여정을 활용한다

가장 기초적인 판매 노하우가 있다. 그건 고객의 여정에 따라 잠재 고객이 꼭 확인하고 싶어 하는 메시지를 확인하고 이를 거꾸로 나열하며 고객 경험을 디자인하는 것이다. 잠재 고객이라면 누구나 제품을 구매할 때 나와 유사한 다른 이의 제품 구매 및 사용 후기를 확인하고 싶어 한다. 당연한 고객 여정의 일부분인데 이런 경험을 콘텐츠 형태로 준비하지 않는 곳들이 상당히 많다.

일단 이를 파악했다면, 여정의 마지막 순서일지라도 이 일부터 먼저 준비해야 한다. '거꾸로' 준비는 이것을 의미한다. 고객 여정 순서를 뒤집어서 우리가 해야 할 일을 순서대로 나열해본다. 지금 그 순서에 고객이 원하는 콘텐츠가 없다면 당장 그 부분부터 만들어야 한다.

2) 이를 다른 제품에 적용한다

위 과정을 통해 고객 여정에 알맞은 콘텐츠를 거꾸로 준비하여 고객을 맞이할 준비가 되었다면, 실제 판매 활동을 통해 취약한 고객 터치포인트는 무엇이며, 이를 보완하고 개선할 방법은 무엇인지 전략을 수립하고 실행해야 한다. 그렇게 최적화 과정이 어느 정도 진행되었다면, 빠르게 이 고객 경험을 다른 제품에도 적용해야 한다. 단 이때 전제 조건은 판매 제품의 카테고리가 유사해야 하며, 유사한 고객을 타깃으로 삼아야 한다는 것이다. 그래야 성공 방정식이 동일하게 다른 제품에도 적용될 수 있다.

사례 다다픽

다다픽 쇼핑몰은 CJ ENM의 다다스튜디오가 새롭게 오픈한 곳이다. 이곳에서는 밀레니엄 세대들의 라이프스타일에 맞춘 제품들을 판매한다. 기존 다다스튜디오의 영상 기획, 제작 능력의 바탕이 있어 비디오 커머스 시장에서 두각을 나타내며 성장 중에 있다. 인마이포켓이 최초 리뉴얼 런칭을 할 때 우린 각 제품이 시장에 부드럽게 안착하여 빠르게 성장할 수 있도록 디지털 마케팅 전략 수립과 실행을 도왔다.

전략은 아주 간단했다. 바로 '오디션' 전략이다. 매주 새롭게 쏟아지는 제품군을 동일한 단계별 판매 전략에 태우고 일정 목표 수치를 넘게 되면 그 다음 단계의 전략으로 옮겨 운영하는 방식이다. 매 단계의 목표를 통과해야 그 다음 단계로 이동되기에 오디션 전략이란 네이밍을 했다.

주력 제품들의 판매 실적을 기초로 마케팅 전략을 확장하기 위한 단계별 퍼널 모델을 구축했다. 1차 단계에서는 판매가 목적인 전환 캠페인으로 광고를 운영하고 이를 일정 수치로 통과하면 브랜드 인지가 목적인 퍼널을 더 구축해서 구매 전환을 높이고 신규 모수를 확보하는 방식이다. 그리고 이 전략은 새롭게 판매 대상이 되는 제품들에게도 동일하게 적용된다.

오디션 전략은 제품의 단계별 성장을 돕는 전략이기 때문에 동일한 사용자를 대상으로 하는 제품군이라면 모든 제품에 적용 가능하다. 오디션 전략이 결국 성공 방정식인 셈이다. 한 제품이 시장에서 성장해나가는 미디어 전략의 성공 방정식이다. 그리고 이와 유사한 사용자를 가지고 있는 제품들에게는 동일하게 적용

가능하다. 이처럼 당신도 성공 방정식을 찾았다면 빠르게 다른 제품에도 적용해보라. 어렵지 않게 시장에서 당신의 제품을 키울 수 있을 것이다.

성공한 고객군과
유사한 고객 세그먼트를
더하라

세월years은 하루 하루days가
결코 알지 못하는 많은 것을 가르쳐준다.
랄프 왈도 에머슨

무엇보다도 마케터에게 매력적인 고객은 '많은 고객'일 것이다. 하지만 빠르게 마케팅 메시지를 최적화시키고 알맞은 고객 관계 수립 전략을 세우기 위해서는 많은 고객보다는 '맞는 고객'이 더 매력적이다. 왜 그럴까? 자, 우린 빼기 영역에서 매력적인 고객을 찾기 위해 노력했다. 그리고 그 고객을 찾았다고 하자. 그럼 자연스럽게 다음 물음이 떠오른다. '감질 나는데 시장을 더 넓힐 수는 없을까?'

이 지점에서 초보 마케터는 보통 실수를 한다. 이전과 똑같은 과정을 거쳐 새로운 고객군을 발견하고 메시지를 최적화하고 고객 관계 수립을 하려고 한다. 한 마디로 원점에서 새로 시작하는 것이다. 마라토너가 왔던 길을 되짚어 돌아가 출발선에 다시 서는 셈이다. 여기에 들어가는 에너지는 상상 이상으로 많다. 매출이 안정기에 접어들기 전임에도 마케팅 활동에 쏟는 비용이 기하급수적으로 증가하며 이 과정에서 마케터는 지치고 만다.

새로운 고객 세그먼트를 개발하려 하지 말고 기존에 세워둔 최적화된 메시지와 고객 관계 수립 전략이 유사하게 작동할 수 있는 고객 세그먼트를 발견하는 것이 훨씬 더 효과적이며 효율적이다. 즉 가장 효율적일 수 있는 최소한의 고객 세그먼트를 정의해서 개발한 뒤, 이 전략이 동일하게 적용될 또 다른 유사 세그먼트를 공략하는 것이다. 그럼 당신의 더하기 전략은 매우 순조롭게 이어질 수 있다.

가령 침대 브랜드가 있다고 하자. 이 침대 브랜드가 오랫동안 오피스 업무를 하는 개발자들을 코어 타깃 세그먼트로 분류했다고 하자. 그럼 그에 맞는 브랜드 스토리와 설명 방법, 고객 관계 수립 전략이 나올 것이다. 아마도 고객이라면 직접 두 눈으로 보고 누워 보면서 제품을 경험하기를 바랄 것이다. 구매 의사가 있는 이들은 제품에 대해서 아주 자세한 설명들을 요구할 것이다. 제품의 디자인도 중요하겠지만 그보다 제품을 사용함으로써 얻을 수 있는 이점에 집중하여 제품을 탐색하며 고도의 검증 과정을 통해 구매하려 할 것이다.

침대와 의자는 유사한 세그먼트로 더할 수 있다.

물론 모든 개발자가 위와 같은 특징을 가지고 있진 않겠지만 대부분 일치하지 않을까 싶다. 그럼, 위와 같은 고객 특징을 가지고 있는 또 다른 세그먼트에는 누가 포함될까? 예컨대, 회계사나 변호사 같은 직종은 어떨까? 제품 특장점 하나하나 꼼꼼하게 체크할 것 같지 않은가? 뿐만 아니라 오랜 시간 업무를 보느라 자세에 문제가 있을 수도 있으니 개발자들이 겪는 고충과 유사할 것이다. 기존에 성공했던 전략에 고객 세그먼트만 더하기를 함으로써 시장을 넓혀 나갈 수 있다.

당신도 지금 당장 해보라. 지금 핵심 고객 타깃이 있는가? 고객 관계 수립이 성공적이었는가? 그들이 구매 과정까지 완료한 경험이 있는가? 그럼 그들과 유사한 불편함을 겪는 또 다른 고객 세그먼트를 찾아라. 직군으로 찾는 것이 더 쉽다. 이런 더하기를 통해 시장 확대는 순조로울 것이다.

반면 이와 유사한 세그먼트를 갖는 제품에는 어떠한 것이 있을까? 오피스 의자는 어떨까? 같은 가구라는 유사성뿐만 아니라 장시간 사용했을 때 자세 교정이나 건강상 문제로 먼저 앉아보고 경험하려는 대표적인 제품 아닌가? 이 경우 제품 세그먼트를 더해서 시장을 넓힐 수 있다. 명심하라. 경험치는 더하기로 새로운 시장을 개척할 수 있게 도와준다.

더 잦은
소통을 통해
신뢰를 더하라

소통에 있어 가장 중요한 부분은
말하지 않은 것을 듣는 것이다.
피터 드러커

　스포츠에서 소통의 위력은 절대적이다. 손발이 맞지 않는 농구팀을 상상해보라. 가드는 전략이 없고 슈터는 3점 슛만 남발하며 수비수는 대형을 갖추지 않는다. 소통이 되지 않으니 서로의 합이 맞을 리 없다. 그래서 마이클 조던은 "재능은 게임을 이기게 해주지만, 소통은 챔피언십에서 우승하게 해준다."고 말했다. 마케터에게도 소통은 필수이다. 불통의 독불장군은 아무 짝에 쓸모 없다. 농구에서 소통은 선수와 선수끼리 한다면, 마케팅에서 소통은 누구와 할까? 마케터와 잠재 고객이 한다.

　고객과의 관계 수립에 있어서 소통을 아무리 늘려도 탈이 없는 것이 있다. 그건 '약속 이행 결과'이다. 쉽게 이야기해서, 고객과의 약속(브랜딩)을 철저하게 지키는 과정 속에서 얻어진 결과물들을 잠재 고객과 소통할 때 브랜드에 신뢰가 쌓이게 된다. 신뢰가 쌓이면 구매가 늘고 자연스레 구매 충성도가 상승한다. 마케터가 고객과 꾸준히 소통을 나눌수록 브랜드의 추종자는 늘게 된다. 그들과의 소통을 통해 팬덤이 만들어지는 선순환이 일어난다. 이는 마케터로서 고객과의 관계 수립에 기초가 된다.

이를 위해서 가장 먼저 해야 하는 일은 당신의 브랜드가 시장에 끼친 긍정적 결과물들을 잠재 고객과 끊임없이 공유하는 일이다. 최대한 많이, 자주, 지속적으로 공유해야 한다. 자랑도 좋다. 브랜드 가치는 소통의 빈도나 밀도와 비례한다. 두 번째, 고객과 소통할 때에는 한 가지 목소리를 내야 한다. 중구난방 이리저리 왔다갔다 불분명한 메시지는 소통의 효율을 떨어뜨린다. 한번 결정한 목소리는 바꾸지 않는다. 세 번째, 그 목소리는 누군가에겐 응원의 목소리가 되어야 한다. 누군가를 도우려는 목적으로 한다면 팬들은 빠르게 생기겠지만 꼭 그렇지 않아도 된다. 당신이 무심코 그린 그림도 누군가에게는 작품이고 힐링이 될 수 있기 때문이다.

이런 소통의 결과물들은 다양한 방식으로 배포될 수 있다. SNS나 블로그, 보도자료 등을 통해서, 혹은 커뮤니티나 광고 매체를 통해서도 당신의 이야기를 얼마든지 많은 이들에게 전달할 수 있다. 이야기를 전달하기 힘든 시대는 이미 지났다. 그저 어떤 이야기를 전달할까를 고민하는 일만이 남았다. 당신의 이야기로 팬을 만드는 과정을 순서대로 정리하면 다음과 같다.

1. 당신이 정말 즐겨하는 것은 무엇인가, 더 잘하고 싶어서 노력하는 것은 무엇인가, 매일 해도 질리지 않는 것은 무엇인가?

2. 그런 활동이 누구에게 도움이 되는가, 누구의 결핍을 해소할 수 있을 것인가?

3. 그들에게 당신의 결과물을 꾸준히 보여줘라. 그들이 쉽게 볼 수 있도록 관계를 맺어라. SNS도 좋고, 커뮤니티도 좋고, 메일 주소 수집도 좋다.

4. 당신에게 무엇인가를 더 요구하고 지인들에게 당신의 이야기를 들려주는 추종자가 생겼는가? 그런 팬들이 생기는 일은 사실 시간문제다.

5. 그들을 계속 도와라. 혹은 1번을 묵묵히 계속하라.

6. 계속하라.

7. 성과는 부수적으로 따라올 것이다.

8. 계속하라.

9. 혼자 그 일을 하기 벅차다면, 시스템과 동료의 도움을 받아라. 이는 또 다른 더하기인 셈이다. 그리고 당신은 1번의 그 일을 계속하라.

10. 팬들과 지속적으로 소통하라.

생각보다 간단하지 않은가. 특히 마케팅을 범위가 아주 넓은, 혹은 아주 좁은 해석을 통해 서로 자신의 정의와 해석이 맞다는 설전이 벌어지기도 한다. 하지만 분명한 하나는 마케팅도 결국, 사람을 대상으로 하는 것이다. 사람보다 무엇이 앞설 수 있겠는가? ROAS나 CVR 등 성과 중심의 지표들도 중요하겠지만, 그 어떤 것도 팬을 만드는 활동보다 앞설 수는 없다. 그러니 오늘부터 시작할 것은 당신은 어떻게 당신의 추종자와 팬을 만들 것인가이다. 그런 활동을 꾸준히 보여주는 것만으로도 당신 브랜드의 신뢰는 탄탄해질 수 있다.

사례 샤론6

샤론6는 스마트폰 케이스를 제작하고 판매하는 기업이다. 여러 케이스 중에서도 튼튼한 케이스를 잘 만드는 것으로 사용자들 사이에서 입소문이 자자하다. 핸드폰을 소중하게 여기는 이들이라면 거의 대부분 샤론6 브랜드를 알 정도이다. 이런 샤론6는 어떻게 더 사용자들에게 사랑을 받게 된 것일까? 바로 적극적인 소통 덕분이다. 그 중 하나는 바로 다른 잠재 고객에게 도움이 될 만한 정보를 사이트 내에 제공하는 방식이었다. 이는 후기의 형식이 되기도 하고 FAQ나 Q&A이기도 하다. 이러한 소통은 잠재 고객의 구매 경험에 큰 도움을 준다.

고객과의 소통이라고 해서 직접적인 소통만을 이야기하는 것이 아니다. 소통의 결과물, 흔적 등을 얼마나 적극적으로 다른 고객에게 알리느냐도 중요하다. 이는 사회적 준거로서 역할도 하지만, 다른 고객에게 브랜드를 어필하는 차원에서도 매우 가치 있는 행동이다. 최근에는 내 회사 오피노에서 진행한 그로스해커톤에 참여하여 실제 구매자들과 마케팅 기획자들이 생각하는 샤론6의 개선점에 대해서도 직접 의견을 들었다. 브랜드는 고객과의 소통을 통해 절대로 손해 볼 일이 없다. 더 많은 고객과 더 많은

고객과의 소통은 브랜딩의 핵심이다.

소통을 할수록 이익이다. 소통은 브랜드가 나아갈 올바른 방향을 제시해주고 그런 활동을 알려서 더 사랑받는 브랜드가 될 수 있게 한다.

신뢰는 구매 과정에서 아주 중요한 요소 중의 하나이다. 아무리 시장을 변화시킬 대단한 제품이라 하더라도 신뢰할 만한 요소가 없다면 구매는 쉽게 이루어지지 않는다. 그리고 디지털 환경에서 이 신뢰를 표현할 방법은 다양하지만 결국 다음의 몇 가지로 함축된다. 바로 '남의 구매 경험'과 '전문가의 추천' 그리고 '진정성'이다. 브랜드가 소비자와 조금 더 신뢰감을 형성하고 싶다면 자신의 입으로 이야기해서는 안 된다. 우리도 주변 친구들이 자기 자랑을 하면 갑자기 그 친구가 밥맛 떨어졌던 경험이 있지 않던가? 내 자랑은 내 입이 아닌 남의 입으로 해야 하듯, 결국 제품 칭찬도 회사가 아닌 제3자의 입에서 나오는 것이 효과가 있다. 이런 이야기들은 정말 많다. 브랜드도 이렇게 할 이야기가 많을 것이다. 이런 이야기를 누구의 입으로 이야기하느냐에 따라 자기 자랑도 되고 콘텐츠도 되는 것이다. 마케터는 브랜드의 이야기를 콘텐츠로 만드는 일에 노력을 경주해야 한다. 그래야 콘텐츠는 생기가 넘치고 입소문이 될 준비를 한다.

고객과
소통할 수 있는
채널을 더하라

세상의 절반은 할 말이 있는데 할 수 없는 사람들로 이루어져 있고,
나머지 절반은 할 말은 없는데 끊임없이 말을 해대는 사람들로 차 있다.

로버트 프로스트

마케팅 진행 시, 마케터가 우선적으로 고려할 것이 있다. 작은
시장 공략, 소비자와의 관계 수립에 최적화된 전략, 그리고 메시
지 최적화 전략들이다. 이것을 위해서 먼저 활용 가능한 온라인
매체로 페이스북을 선정했다고 치자. 그리고 페이스북에서 최적
의 성과를 내기 위해 나름 노력했다. 그리고 그 매체에서 시장 선
점과 관계 수립 등 당신의 브랜드를 위한 정답에 가까운 결과를
얻었다면, 채널을 확대해야 한다. 이를 테면, 인스타그램이나 유
튜브로 매체의 범위를 넓혀야 한다. 물론 유의미한 결과를 생산
한 해당 매체인 페이스북에 더 많은 예산을 집중하는 것도 맞겠
지만, 더 많은 이들에게 메시지를 전달할 수 있도록 더 다양한 매

체를 활용하는 것도 매우 중요하다. 즉 더하기가 필요하다.

1) 니즈가 있는 고객에게 채널을 더하라

채널을 확장하는 방식은 다양하다. 꼭 이렇게 해야 한다는 정답은 없지만, 그간 경험을 통해 쌓은 노하우를 제공하면 다음과 같다. 첫 번째는 이미 니즈가 있는 고객에게 접근 가능한 매체를 우선적으로 이용하는 것이다. 두 번째는 되도록 사회적 준거 활용이 가능한 매체를 활용하는 것이다. 이미 니즈가 있는 잠재 고객이 가장 많이 사용하는 것은 누가 뭐래도 검색이다. 구글이나 네이버 같은 포털사이트의 검색엔진이 될 수도 있고, 페이스북이나 트위터 같은 SNS에서도 검색 기능인 #해시태그를 본문을 활용할 수 있을 것이다. 물론 유튜브에서도 검색이 가능하다(이미 유튜브는 검색엔진의 하나로 성장했으니까!). 니즈가 있다는 것은 검색 외에도 특정 매체에서의 활동, 그러니까 사이트 내부에서 특정 미션을 수행한 잠재 고객 등으로 추가 정의할 수 있을 것이다. 사이트 내 영상을 시청했거나 좋아요를 누르고 후기를 3개 이상 확인했다는 식. 이런 사용자는 서비스에 어느 정도 관심을 가지고 있거나 향후 구매 가능성이 매우 높다고 판단하여 적극 매체 활용을 더한다.

2) 사회적 준거를 활용하라

두 번째로 사회적 준거 활용이 가능한 매체를 활용하는 방식이다. 쉽게 이야기하면, 잠재 고객들이 콘텐츠 자체에 댓글을 달거나 공유가 가능한 매체를 의미한다. 이런 활동들(이를 테면, 회원가입을 했거나 사진이나 영상을 게시하며 댓글을 남겼거나 등등)을 통해 파생된 콘텐츠는 그 자체만으로 사회적 준거 기능을 하게 된다. 일반 검색 매체에는 이런 기능이 없지만, SNS 플랫폼의 경우에는 광고 콘텐츠에 사용자가 직접 댓글을 달고 자신의 계정에 공유가 가능하기 때문에 콘텐츠 자체를 사회적 준거로 확보할 수 있다. 다른 한편으로는 뜻하지 않게 부정적 댓글이 달려 양날의 검의 특성을 갖기도 하지만, 잘만 활용하면 좋은 매체 활용이 될 수 있다.

3) 채널 간의 성과와 기여를 확인하라

마케터가 채널을 확장하면서 반드시 점검해야 하는 것은 각채널이 구매에 어떤 역할을 하며 성과에 어떻게 기여하는지를 살펴보는 것이다. 쉽게 말해, 페이스북에서 넘어오는 고객은 얼마나 되는지, 유튜브를 통한 전환율은 어떻게 되는지 등등 통계를 확인한다. 검색 광고는 일반적으로 브랜드 인지보다는 구매 전환에 영향을 주며, 영상 노출 광고는 보통 전환보다는 브랜드 인지

도와 기업 이미지에 영향을 줄 수 있다. 그렇기 때문에 채널 확장에 따른 전략을 수립하기 위해서는 각 매체가 최종 성과에 어떻게 기여하는지 알아야 한다. 혹시라도 각 채널이 예상하는 목적에 맞지 않는다면(일예로 노출의 목적을 가지고 만든 콘텐츠가 구매에 영향을 미치고 있다면), 캠페인에 사용된 매체들을 다시 구성해야 하기 때문이다.

4) 채널에 맞는 메시지를 찾아라

마케터들이 채널을 확장할 때 쉽게 범하는 실수는 1차 사용 매체에서 성공했던 메시지를 확장하는 모든 매체에 그대로 적용하는 것이다. 내가 가진 열쇠가 특정 자물쇠에 맞는다고 모든 자물

진심 어린 소통으로 팬덤을 만들 수 있다.

쇠 구멍에 그 열쇠를 집어넣고 돌리는 꼴이다. 가령 페이스북에서 구매 유도를 목적으로 한 콘텐츠가 성공적이어도, 매체의 특징을 고려하지 않고 인스타그램에도 동일 콘텐츠를 사용하면 목적에 맞는 성과를 내기 어렵다. 보통은 지원 채널의 경우, 브랜드 스토리나 서비스 후기, 서비스를 통한 고객 경험의 개선이 제일 적합하다. 반면 직접 채널의 경우, 구매 프로모션이나 고객 행동을 직접 유도하는 메시지들이 성과가 좋은 편이다. 즉 매체를 확장하는 과정에서 적합한 콘텐츠를 개발하여 전체의 성과를 리드하는 것을 고려해야 한다는 말이다.

사례 명품 편집숍, 발란

발란BALLAN은 명품 제품을 구매하는 고객들에게 명품 경험을 제공하기 위해 노력하는 온라인 편집몰이다. 사실 명품만큼 구매가 용이한 제품도 없다. 백화점이나 온라인 검색을 통해 쉽게 명품 제품을 찾고 원한다면 구매까지 어렵지 않게 이어질 수 있다. 다만 백화점과 달리 온라인 구매에서는 여전히 고객들이 명품 구매를 망설인다. 왜 그럴까? 사실 온라인으로 구매하기 전 여러 생각을 하게 된다. '안전하게 배송될까?' '배송 중에 문제가 생기거나 제품이 손상되지 않을까?' '진품일까?'

문제는 또 있다. 온라인 구매는 백화점 같은 오프라인 구매처럼 명품을 구매하고 있다는 사치스럽고 특별한 경험을 선사하기가 쉽지 않다. 물론 이 경험이 구매자 입장에서 필수조건이 아닐수있다. 그러나 누구나 명품을 구매하는 것만큼 명품을 고르는 재미도 쏠쏠하다는 사실을 인정한다. 단순하게 정가 대비 할인율 경쟁이 될 수도 있다. 이런 경쟁은 결국 구매자로 하여금 다시 위의 질문을 반복할 수밖에 없게 만든다. '여긴 구찌가 왜 이렇게 싼 거야? 혹시 짜가 아냐?'

결론적으로 온라인 유통에서 명품을 판매하는 곳은 반드시 오프라인만큼의 구매 경험과 신뢰가 필요하다. 이 점을 발란은 마케팅 초기부터 너무 잘 알고 있었다. 그래서 그들은 크게 두 가지의 전략으로 온라인 쇼퍼들을 매혹시켰다.

첫 번째, 개인 고객이다. 이들은 발란 웹사이트에서 사용자가 제품 검색에서부터 제품 구매 과정에 이르기까지 다양한 솔루션을 소극적, 적극적으로 지원하는 도우미 역할을 한다. 일전에 나는 발란에서 시스템 상 오류로 결제가 지연된 경우가 있었다. 이때 나는 웹페이지에 개인 고객의 도움이 예정되어 있다는 안내를 받은 후, 즉각 그들의 도움을 통해 문제를 해결한 바 있다. 이렇게 적극적으로 사용자의 쇼핑을 도와주는 개인 고객의 존재는 다른 사용자들의 구매 실패를 줄여주고 좋은 경험의 바이럴 효과까지 있어 발란의 성장을 이끌었다고 할 수 있다.

둘째, 리얼 패킹 영상이다. 온라인 쇼핑몰에서 명품을 사는 이들의 가장 큰 걱정은 정품 여부이다. 이를 이미 잘 알고 있던 발란은 해외 부티크에서 제품이 도착하면 자체적인 검수 시스템을 통과하게 한다. 이 검수 과정을 모두 모니터링하고 촬영하여 고객이 직접 모바일 환경에서 확인할 수 있게 했다. 이런 영상을 받아본 유저는 안심하고 추가 배송일을 기다린다. 또한 리얼 패킹 영상 자체가 좋은 입소문 마케팅의 수단이 되기도 했다.

고객과의 소통 채널은 단순히 고객 유입을 이끌어내기 위한 도구가 아니다. 웹사이트에 방문하여 그들의 불편함을 해결해주기 위한 채널, 그리고 그들이 지인들에게 추천하기 쉬운 채널이 된다. 그리고 이 고객과 소통하기 가능한 본연의 채널 역할을 한다. 당신은 고객과 소통하기 위해 어떤 채널을 운영하고 있는가?

chapter 12

시스템으로
모든 일의 진행을
구조화하라

임무는 전략을 정의하고
전략은 구조를 정의한다.
피터 드러커

마케터들은 흔히 일할 때 '체계system'라는 말을 많이 쓴다. 시스템, 프로세스, 가이드 등 우리가 종종 언급하는 프레임들은 일이 순조롭게 진행될 수 있도록 도와준다. 포드는 1903년 모델-T를 양산하면서 당시 부자들의 전유물이었던 자동차의 가격을 825달러로 낮추었다. 그가 개발한 포드 시스템, 즉 포디즘은 제조업의 표준이 되었고 포드는 자동차의 대중화를 열었다. 한 마디로 그의 혁명적인 시스템은 자동차 시장을 창조했다. 마케팅에도 시스템이 존재한다. 일을 잘 하는 노하우는 정말 많지만, 성공한 마케터들이 공통적으로 말하는 체계, 즉 시스템을 갖추는 일은 단 몇 가지로 수렴된다. 그것은 과연 무엇일까?

나는 일을 하면서 다양한 팀을 만난다. 그 안에서 일 잘하는 팀도 만나고, 잘 못하는 팀도 만나게 된다. 흥미로운 점은 일을 잘 못하는 팀은 갖가지 이유들로 실패를 거듭하지만, 일을 잘하는 팀은 거의 동일한 한두 가지 이유로 마케팅 프로젝트들을 성공으로 이끈다. 이는 톨스토이가 "모든 행복한 가정은 한결같이 비슷하다. 하지만 불행한 가정은 저마다의 방식으로 불행하다."라고 말했던 것과 동일하다. 잘 되는 팀의 공통점은 거의 정해져 있다. 그 중 하나가 바로 시스템의 존재이다.

이를 조금 더 쉽게 이야기해보자. 어떤 문제를 푸는 과정에서 팀이 다양한 방법들을 시도하다가 그 중에서 베스트 솔루션을 찾아냈다고 하자.(물론 시간이 흘러 이 솔루션은 더 개선되고 다른 시스템으로 진화할 것이다.) 시간이 흘러 이번에 동일한 문제가 다른 팀, 다른 이에게 나타났다. 이때 일정한 체계(시스템)가 없다면 문제를 겪는 팀은 생짜배기 스스로 문제를 해결하거나 앞서 그와 유사한 문제를 겪었던 동료들을 찾아서 물어봐야 할 것이다. 이 얼마나 비생산적이고 불편한가.

만약 최초에 이 문제를 겪은 사람이 해당 문제를 기록하고 솔루션까지 베스트 케이스로 정리해 놓았다면, 그리고 내부의 누구나 쉽게 접근해서 볼 수 있도록 데이터베이스로 저장해놓았다면, 그 이후로 유사한 문제를 겪는 이들은 이를 참고하여 빠르게 문제를 해결할 수 있을 것이다. 여기서 중요한 것이 시스템이다. 시스템이 없는 기업이나 조직은 시간이 지나면서 비효율성이 극대화되어 결국 붕괴되고 만다. 시스템이라고 거창할 것도 없다. 마케팅에서 발생하는 모든 것들을 기록하고 공유하고 참고하여 개선하는 일련의 과정이 모두 시스템에 포함된다.

잭 웰치Jack Welch가 조직 내의 다양한 문제들을 구체적으로 정의하고 현재 품질 수준을 계량화하고 평가한 다음 개선, 관리하는 6-시그마라는 시스템을 가지고 당시 위기에 빠진 제너럴 일레트릭을 성공적으로 회생시킨 것은 경영계에 회자되는 유명한 일화이다. 6-시그마는 크게 여섯 가지의 단계로 정의된다. 기업 전략을 정하고→현재 경영 상황을 측정하고→문제에 대한 최적의 대안을 분석하고→바람직한 프로세스를 위해 시스템을 개선하고→개선된 시스템을 관리하는 것이 골자다. 본래 6-시그마는 생산 과정에서 발생하는 불량을 찾아내고 품질을 개선하는 방법으로 고안된 시스템이었으나, 이후 합리적인 경영관리 시스템으로 발전했다.

사실 내가 말하는 시스템은 6-시그마처럼 거창한 것도 아니다. 다음의 네 가지 과정이 마케팅 팀 안에서 지켜지고 관리되는 프로토콜이라면 무엇이든 시스템이라 불릴 수 있다.

1) 무엇이든지 기록하라

시스템은 결코 복잡하거나 대단한 것이 아니다. 어떤 팀이든 지금 당장 시작할 수 있다. 보통 겪고 있는 문제, 문제를 야기한 환경, 이를 해결하기 위한 고민의 흔적, 그리고 문제에 대한 솔루션, 실패한 솔루션, 현재 솔루션의 아쉬운 점까지 기록해 두는 것이다. 신기하게도 문서로 남기는 것은 큰 위력을 갖는다. 실제 기록하는 과정에서 팀 구성원이 문제를 더욱 객관적으로 바라볼 수 있으며 생각지 못했던 솔루션을 찾아낼 수도 있다. 그리고 이런 기록은 개선의 실마리 역할을 한다. 기록이 없다면 더 나은 생각으로의 발판을 마련할 수 없다. 그저 매순간 같은 생각을 되풀이할 뿐이다. 그러니 무조건 기록하라! 에버노트나 드롭박스 같은 앱을 활용하는 것도 좋다. 자신에게 맞는 편한 기록 방법을 찾아보고 꾸준히 기록하라.

2) 기록물은 반드시 공유되어야 한다

모두의 경험이 콘텐츠화되어 기록물로 남게 되면 접근이 필요한 모든 이들에게 오픈되고 공유되어야 한다. 단순 공유가 아니라 각 기록물에 코멘트가 활성화되게 하여 최초 기록물이 누적되고 깊어져야 한다. 기록물은 마치 살아있는 생물처럼 다양한 구성원들의 코멘트로 진화를 거듭한다. 공유를 통해 쉽게 문제를 공유, 예측할 수 있으며, 솔루션이 있어 문제 해결에 드는 시간을 최소화할 수 있다. 뿐만 아니라 단순 솔루션 제공이 아니라 고민의 흔적까지 공유함으로써 솔루션 도출 방법, 문제 접근 과정, 특정한 관점 등을 함께 경험할 수 있어 기록물을 보는 것만으로도 스터디가 될 수 있다.

3) 기록물을 지속적으로 개선하라

경험의 누적은 기록물의 개선으로 이어진다. 기록물을 공유하고 다른 경험을 한 인원은 유사 경험의 기록물에 자신의 생각을 추가한다. 이렇게 다양한 소통이 다양한 기록에서 진행되는 것은 노하우의 축적으로 이어지며, 이후에 이 방대한 데이터베이스는 팀이 빠르게 성장하는데 큰 도움이 된다. 기록물은 완전한 구성물이 아니다. 집단 지성을 활용하여 다듬고 개선해야 할 미완의 작품이다. 나는 시스템의 완성은 기록이나 평가보다 개선에 있다고 생각한다. 발전하지 않는 솔루션은 시시각각 변하는 시장의 요구에 능동적으로 반응할 수 없다. 그러니 기록하고 공유하고 개선하라. 이 자체가 바로 시스템이다.

4) 습관처럼 꾸준히 기록하라

시스템은 한 번 했다가 마는 일회성 이벤트가 아니다. 시스템이 한 팀에 뿌리를 내리고 정착하기 위해서는 꾸준함이 생명이다. 모든 시스템은 팀의 습관처럼 굳어져야 한다. '기록물을 남기고 코멘트를 달아야지.'라는 생각조차 불필요하다. 무의식중에 행하는 습관이 되어야 한다. 그래야 시스템은 팀에서 의미를 갖는다. 서든캘리포니아대학 심리학 교수인 웬디 우드Wendy Wood는 자신의 『해빗』에서 습관과 의지력을 이렇게 비교한다.

> "이른바 의지력이라고 부르는 '의식적 자아'는 일상적 행동 패턴과 거의 관련이 없다. 그 대신 광대하고 반쯤 숨겨진 '비의식적 자아'가 작동한다. 바로 습관이다. 우리의 일상에 자연스럽게 밴 습관은 맨 처음에는 의식적 자아로부터 보내진 신호에 의해 시작되고 조종되지만, 시간이 지나 궁극적으로는 실행제어 기능의 간섭 없이 비의식적 자아에 의해 스스로 작동하게 된다."『해빗(다산북스)』, 43.

습관은 살아있는 시스템에 반드시 필요한 마지막 퍼즐이다. 아무리 업무 과정이 기록되고 공유되고 개선되어도 그 과정을 하나의 습관처럼 꾸준히 이어가지 못한다면 그 시스템은 죽은 것이나 다름없다. 미국의 철학자 윌 두란트Will Durant는 이렇게 말했다. "반복해서 할 때, 그것은 우리 것이 된다. 따라서 탁월함은 행동이 아니라 습관이다." 성공 시스템을 꾸준히 구축하고 이를 계속 붙여나가는 것은 마케팅의 더하기 전략에 속한다.

고객의 삶을
윤택하게 하는
혜택을 더하라

새로운 것은 바로 알려진다.
당신의 시장에 새로운 것을 제시하는 데 두려워할 필요가 없다.
그것이 이미 존재하는 제품이나 서비스에 변화나 덧붙이기라 할지라도.
루이스 하위스

처음 제품이 시장에 출시되고 핵심 고객이 커뮤니티에 진입할 때는 비좁은 곳을 통과해야 하기에 심플하고 직관적이어야 한다. 군더더기가 있어서는 안 된다. 그래서 더 작은 시장에 맞춰 당신의 핵심 가치를 정의하고 다듬어야 한다. 낙타가 바늘귀를 통과하는 것 같은 전략이 필요하다. 더하는 것이 아니라 덜 수 있는 한 최대한 더 덜어야 한다. 그래서 초기에는 빼기가 중요한 것이다.

하지만 시장에서 최적화된 메시지와 제품이 팔릴 수 있는 시기, 즉 잠재 고객이 제품을 찾아 구매하는 시기가 도래하면, 그때는 달라진다. 두 번째 전략인 더하기를 빠르게 해야 한다. 이때 여러 가지 더하기 메뉴가 있겠지만, 먼저 제품 라인업을 강화시키는 것보다 처음 진입했던 작은 시장에서 확고한 브랜드를 구축하고 1등으로 기억되는 전략이 필요하다. 한 마디로 시장 내에서 입지를 다지는 과정이다.

이때 보통 마케터들이 많이 하는 실수가 있다. 바로 경쟁사보다 더 나은 혜택을 주려고 노력하는 것이다. 더 큰 할인 혜택, 더 매력적인 프로모션 등이 될 수 있다. 소비자에게 더 좋은 혜택을 준다는 것은 결코 나쁜 전략이 아니다. 하지만 이런 퍼주기식 활동은 단기적인 성과를 낼 수는 있어도 시장에서 소비자에게 당신의 마케팅 활동이 특별해 보이거나 의미 있다고 여겨지게 하지는 않는다. 그럼 어떻게 해야 할까? 경쟁사보다는 고객이 우선이다. 고객이 겪는 결핍을 채워주는 방향으로 빼기를 견고하게 했다면, 그들의 인생에서 다른 결핍을 채워줌으로써 그들을 강력한 브랜드 추종자(팬)로 만들 수 있다.

쉬운 예를 들어보자. 당신이 운영하는 제품이 의류몰이라고 한다면 고객들이 필요로 하는 옷을 시즌에 따라, 그리고 필요에 따라 잘 소싱하여 제공하면 된다. 물론 아주 1차적인 결핍의 해소이다. 그런데 경쟁사가 동일한 제품을 더 낮은 가격으로 제공한다면 어떻게 대처해야 할까? 내가 티셔츠 한 장에 10,000원에 팔았는데, 경쟁사에서는 같은 값에 1+1 세일을 단행한다. 이렇게 경쟁사가 만들어 놓은 게임판에 끌려들면, 그 게임에서 승자가 되기 어렵다. 이제부터 출혈경쟁이 시작된다. 대부분의 플레이를 보면 더 낮은 가격, 더 많은 사은품, 더 다양한 혜택 등 경쟁사보다 '더 많이, 더 높이, 더 저렴하게'를 외치면서 스스로 무덤을 판다. 이건 전략도 아니고 아무것도 아니다. 너 죽고 나 죽자 밖에 되지 않는다.

이보다 더 현명한 방법이 있다. 경쟁을 안 하는 것이다. 엥, 너무 황당한 대답이라고 느껴지는가? 그런데 정말 경쟁을 하지 않는 것이 답이다. 이렇게 이야기하면, 대번 동일 시장에 경쟁사가 우글거리고 가격 경쟁을 펼칠 수 밖에 없는 상황이라는 뻔한 답변이 돌아온다. 그런데 여기서 냉정하게 생각해 볼 것이 경쟁을 하고 말고의 선택은 마케팅을 하는 이가 직접 내리는 선택이라는 점이다. 즉 스스로 경쟁할 생각이 없다면, 물고 물리는 이전투구泥田鬪狗에서 자발적으로 벗어나겠다면, 그 경쟁은 하지 않아도 된다는 뜻이다. 그리고 한 가지 집중할 것이 있다. 경쟁을 멈추는 대신 고객을 돕는 것에 더 집중해야 한다는 점.

바로 그들의 1차적인 결핍을 해소해주었다면, 더 나아가 그들이 전반적으로 느끼는 결핍을 해소시키기 위해 노력하라. 위에서 예로 들었던 여성 의류 쇼핑몰의 경우, 마음에 드는 옷을 구매하는 것이 1차 결핍의 해소라면, 그 외의 시즌이나 상황에 따라 다르게 할 수 있는 코디 노하우나 옷 관리 방법, 혹은 옷을 직접 정기적으로 관리해주는 서비스 및 배송, 반품과 환불 관련된 더 친절한 절차와 안내, 그리고 비슷한 패션 스타일을 추구하는 고객 간의 정기적인 모임과 소통 등, 그들의 전반적인 결핍을 돕는데 앞장서는 것이다. 이렇게 누군가의 삶을 전반적으로 개선시키기 위한 노력은 생각보다 아주 흥미로운 더하기 활동이다.

이런 활동들은 시장에서 당신의 브랜드를 아주 특별하게 만들어 주기도 하지만, 브랜드를 키우는데 노력하는 모든 팀원들에게도 아주 강력한 동기부여가 될 수 있다. 오늘부터 진지하게 고민해보자. 더하기를 통해 당신 고객의 삶을 어떻게 개선시켜 줄 것인가?

사례 오피노의 마케팅 버스킹과 그로스 해커톤

나는 다양한 마케팅 니즈를 가지고 있는 고객사와 일하고 있다. 또한 질 높은 마케팅 정보를 가공해 필요한 사용자들에게 무료로 제공하고 있다. 우리 내부에서도 주기적으로 스스로에게 뾰족한 질문을 던지며 치열하게 고민하는 문제가 있다. 고객의 삶을 더 풍요롭게 만들 수 있는 방법은 무엇일까? 그리고 그들의 삶을 개선시킬 수 있는 방법은 무엇일까?

당장 고객사의 애로사항을 개선하는 것이 무엇인지, 아니면 고객사와 맞닿은 고객의 삶을 개선하고 문제를 해결하는 것은 무엇인지, 그리고 내부적으로 우리 동료들, 아니면 우리와 같은 일을 하고 싶어 하는 예비 마케터들을 위해 우리가 할 수 있는 무엇인지를 고민한다. 그런 고민은 다양한 활동으로 연결되는데, 최근에 내가 야심차게 시작한 활동이 바로 마케팅 버스킹과 그로스 해커톤이다.

마케팅 버스킹은 마케터를 꿈꾸는 취준생(워너비)들이나 사회 초년생을 위해 '길라잡케터'라는 이름으로 홍보하고 미래에 마케터가 될 수 있는 더 나은 방향을 함께 고민하는 오프라인 모임이다. 그 형태를 각 지역, 대학교를 순회하면서 할 생각이라 '버스킹'이라는 콘셉트를 만들었다. 이 모임을 준비하면서 내부적으로는 우리가 하는 일을 스스로 돌아볼 수 있는 기회를 얻었고, 이 일을 한다는 사실에 감사할 수 있는 시간을 가지게 되었다. 한편으로 이 모임이 성공적으로 운영될 수 있을까 고민도 했다. 그런데 그런 고민은 기우에 불과했다. 모집 이틀 만에 서른 명이 신청해 일찌감치 모집 공고를 내리는 호응을 얻게 되었다. 이런 시간이 분명 그들에게 도움이 될 수 있구나하는 생각이 드는 순간, 이것을 준비한 오피노의 한 매니저(강모 씨)도 자신감과 확신이 들며 이 과정을 매우 뿌듯하게 생각할 수 있었다.

반면 그로스 해커톤growth hackathon은 그로스 해킹(고객의 행동에 호기심을 갖고 분석을 통해 브랜드 성장성을 실험하는 행사)과 마라톤의

합성어로 비슷한 관심을 가진 마케터들이 모여 정해진 시간 내에 오피노 고객사의 실제 데이터를 분석, 개선할 사항을 도출하고 적용하여 그 결과까지 확인하는 행사로 기획되었다. 이 행사는 개발자와 마케터, 디자이너들이 지원하여 현장에서 바로 팀을 이루고 짧은 시간 내에 성과를 내보는 다이내믹하고 실험성이 강한 마케터들의 축제로 자리 잡아 현재 연 1회 정기적으로 열리고 있다. 이 행사를 통해 각 분야 마케터들은 어떻게 데이터를 가지고 서비스나 비즈니스 개선에 접근할 수 있는지, 어떻게 빠른 문제 확인과 실행이 성과와 전환율로 이어질 수 있는지 바로 파악할 수 있다. 동시에 행사에 참석하지 않은 동료들에게도 행사의 후기나 소식을 통해 동일한 내용을 캠페인의 하나로 알릴 수 있어 마케팅 퍼포먼스에 도움이 되었다.

나는 이런 모임들을 통해 그들에게 직접적인 서비스나 제품을 제공하진 않지만, 그들이 원하는 삶에 한 발자국 더 다가가기 위한 노력을 제공할 수 있음을 깨달았다. 오로지 제품에만 집중하면 고객은 어느새 당신의 시야에서 사라지게 된다. 고객에게 집중하는 것이 제품에 집중하는 것이다. 고객의 삶에 관심을 갖는 것이 제품에 관심을 갖는 것이다. 무슨 뜻인지 알겠는가? 많은 마케터들이 제품이 제일 중요하다고 말하지만 사실 그렇지 않다. 더 중요한 건 고객이다.

그런데 '고객을 잘 안다.'보다 더 중요한 것이 있다. 바로 '고객을 도울 준비가 되어 있다.'이다. 고객을 잘 안다는 것은 '고객에게 관심을 가지고 있다.'와 같지 않다. 고객에게 얼마나 관심을 가지고 있는가는 그들을 얼마나 도와주고 싶은가로 표현될 수 있다. 그럼 자연스럽게 고객을 잘 알게 되고 더 좋은 제품을 만들 수 있다. 그래서 고객을 어떻게 도와줄까 고민하게 하고 도울 수 있는 마음이 저절로 생길 수 있는 환경도 고민하게 한다.

그들의 이야기에 공감하고 그들의 속마음을 전해들을 수 있는 환경이 필요하다. 단순히 그들을 고객으로만 대할 때, 그들은 진실을 이야기해주지 않는다. 그러니 그들을 돕고 그들의 삶을 함께 개선할 수 있는 도구가 필요하다. 제품만 아니라 그들의 삶을 개선하는데 시간과 정성을 쏟으면 그들 역시 당신 브랜드의 팬이 될 것이다.

일을 함께
할 수 있는
동료를 더하라

팀의 강점은 각 개인 구성원이다.
각 구성원의 강점은 팀이다.

필 잭슨

미국 NBA 프로농구에서 열한 번이나 챔피언십을 차지한 명장 필 잭슨Phil Jackson은 튀는 한 선수가 플레이를 하는 것보다 선수 간에 유기적으로 움직이는 팀워크를 강조한 감독으로 유명하다. 리그 역사상 다시 없을 골칫덩어리이자 자신만 아는 트러블메이 커들이었던 선수들을 잭슨은 팀이라는 하나의 공동체로 엮어 세 계 최고의 리그에서 무수한 우승 트로피를 들어 올렸다. 시카고 불스를 이끌 때 그의 수하에 있었던 마이클 조던조차 스타플레 이어보다 팀을 앞세우는 잭슨의 전략에 노골적으로 불편한 심기 를 드러낼 정도였다. 그런 그가 매년 비시즌기 가장 중요하게 생 각했던 밑작업이 바로 팀빌딩이었다. 조던에게는 피펜과 로드맨

이, 코비에게는 샤킬 오닐이 있었다. 물과 기름 같던 선수들의 합을 기가 막히게 맞춘, 거의 집착에 가까운 그의 팀빌딩이 없었다면 오늘날의 필 잭슨은 없었을 것이다.

팀빌딩은 스포츠에만 있는 것이 아니다. 마케팅에서도 팀빌딩이 중요하다. 홀로 사업을 이끌어 나갈 때, 팀빌딩이 그리 중요하다고 생각하는 사장은 거의 없다. 특히 혼자서도 충분히 잘 하고 있는 상황이라면 더욱 그럴 것이다. 팀으로 움직이는 것보다 혼자 뛰면 기동성 면에서 더 나을 수 있다. 이것저것 결정하고 실행에 옮기는 데 일일이 팀원들을 불러 모아 회의를 진행할 필요 없

팀빌딩은 더하기의 핵심이다.

이 자신의 판단력만 믿으면 그만이기 때문이다. 하지만 우린 지금에만 만족하고 머물러 있을 것은 아니지 않은가? 결국 시간의 문제일 뿐, 언젠가 나에게 팀빌딩은 숙명처럼 다가온다.

혼자 가는 길은 외롭다. 혼자 먹는 밥은 맛이 없다. 혼자 대전 게임을 하는 것보다 PC방에 삼삼오오 모여서 팀플을 하는 것이 더 재미있다. 혼자라면 나의 성공에 박수를 쳐줄 동료도 없다. 하지만 이런 감성적인 이야기 말고 팀이 필요한 진짜 이유는 따로 있다. 혼자서 모든 일을 처리하다 보면, 생각보다 에너지가 빠르게 방전된다. 한 번 방전된 배터리는 이후 더 빠르게, 더 빈번하게 방전된다. 뿐만 아니라 더 잘 할 수 있는 일마저 쉽게 풀리지 않게된다. 얼마든지 함께하면 해낼 수 있는 일을 고집스럽게 혼자 하면서 과부하가 걸리는 것이다. 너무 간단하지 않은가.

만약 당신이 아주 작은 시장에서 미미한 성과에만 만족한다면 팀빌딩이 왜 필요하겠는가? '난 이 정도로 충분해.' '이것저것 신경 쓸 거 없이 난 혼자가 좋아.' 그저 홀로 즐겁게 만족하면서 지내면 그만이다. 하지만 홀로 타는 장작보다 함께 모여 있는 장작이 훨씬 더 밝게 더 오래 타는 법이다. '백짓장도 맞들면 낫다.'는 속담은 일의 편의성뿐만 아니라 효율성 측면에서도 사실이다. 팀빌딩은 중요하다. 팀빌딩은 더 만족스러운 결과를 얻기 위한 필수 과정이다. 그래서 흔히 팀^{TEAM}은 '모두 함께 더 많이 성취한다

together everybody achieve more.'는 뜻의 두문자어acronym라고 하
지 않던가?

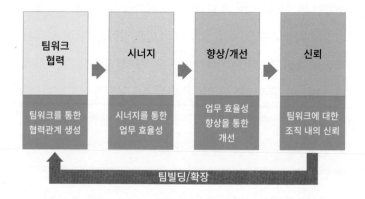

1) 지금 바로 팀빌딩이 필요하다

팀빌딩이 필요한 시점은 매우 중요하다. 이 시기를 놓치면 팀
빌딩을 해놓고도 모두가 중복되는 업무를 하는 비효율의 끝을 볼
수 있다. 보통 팀원이 필요하다고 생각되는 시점은 자신이 더 이
상의 업무 '더하기'가 어렵다고 판단할 때이다. 그런데 이때 팀원
을 늘리면 이미 늦었다. 팀원이 늘어나서도 같은 일을 중복해서
함으로써 효율성을 찾기 위한 별도의 노력을 해야 하기 때문이
다. 그럼 언제가 좋은 시점일까? 바로 업무 더하기를 해야겠다고
결심한 순간이 좋은 시점이다. '목 마르기 전에 우물을 파라.'고
했다. 이미 힘이 들어 팀원이 필요하다고 느끼기 전에 팀빌딩이

완료되어 있어야 한다는 말이다.

2) 한 명의 인재만 잘 뽑는다

팀빌딩을 잘 하는 방법은 의외로 간단하다. '팀빌딩'이라고 하면 여러 유능한 인재를 어떻게 한 번에 뽑고 채용할 수 있을까라는 걱정이 앞설 수 있다. 사실 그런 생각은 누구에게나 부담스럽다. 그렇기에 당신, 혹은 당신의 조직에 도움이 되는 1인을 먼저 팀원으로 뽑는다는 생각을 가져야 한다. 유비가 삼고초려三顧草廬하며 남양에 은거하던 제갈량을 모신 것처럼, 한 명의 인재는 판세를 바꾸는 결정적 단초가 된다. 그를 통해 더 많은 인재들이 들어오기 때문이다. 열 명은 어렵지만 한 명은 쉽다. 그리고 그 열 명은 한 명보단 두 명을 보고 조직에 참여하는 결정을 더 쉽게 내릴 수 있다. 우선 팀에 제일 잘 어울릴 수 있는 단 한 명을 뽑는데 모든 노력을 다해야 한다. 그럼, 그 이후는 '복붙' 이어붙이기가 쉽다.

3) 나보다 나은 사람을 뽑는다

팀빌딩에는 나보다 더 나은 사람을 찾는 것이 원칙이다. 나보다 나은 사람을 찾는 데에는 성별과 나이, 지위고하를 불문한다. 삼고초려를 했을 때 제갈량의 나이는 고작 27세에 불과했다. 유비는 그보다 스무 살이나 많은 47세였다. 전장의 모략과 궁정의 정치에 잔뼈가 굵은 유비가 자신의 아들뻘 되는 애송이를 전략가로 모신 것이다. 이는 유비가 제갈량의 숨어있는 실력을 꿰뚫어 보았기 때문이다. 여기서 오해하는 이들이 있다. 능력 우선으로 팀원을 뽑는 것이 삼고초려라고 정의하는 것이다. 여기서 능력은 소위 '스펙'을 의미하지 않는다. 능력이라는 것이 같이 일 해보면 기대했던 것보다 높지 않은 경우가 많다. 왜 그럴까? 소위 'SKY 대'를 나온 스펙 좋고 전도유망한 김 대리가 있다고 해보자. 그는 정말 객관적 수치나 페이퍼로 볼 때, 업계에서 탐내는 훌륭한 인재다. 하지만 아무리 뛰어난 김 대리라도 같이 일하면서 팀의 색깔과 문화에 적응하지 못하고 계속 어깃장을 부리면 그 능력은 아무런 쓸모가 없다.

4) 함께 일해 본 사람을 뽑는다

개인의 능력과 팀의 퍼포먼스가 반드시 일치하는 것은 아니다. 능력 이전에 김 대리가 나의 팀에 얼마나 잘 녹아들 수 있는가가 매우 중요하다. 그래서 단순히 개인의 스펙이 팀빌딩의 첫 번째 우선순위가 아니다. 우선 팀에 얼마나 적응하고 기존의 멤버들과 조화를 이룰 수 있느냐가 중요하다. 이것이 가능하다면 없던 능력도 생긴다. 그래서 난 화려한 경력기술서나 자기소개서를 되도록 멀리한다. 짧던 길던, 함께 일해 볼 수 있는 기회가 있어야 한다. 그 기간을 통해서 팀과의 업무 핏^{fit}을 알아보는 것이 훨씬 더 효과적이고 실수를 줄일 수 있다.

사례 열정을 다하는 이들과 함께하라, 오피노 인턴 사례

매년, 우리는 함께 할 수 있는 인턴을 채용한다. 사실 디지털 마케팅 분야는 업무가 세분화되어 있고 다루는 툴 역시 다양해서 경력직이어도 함께 일하는 조직에 따라 다시 교육해야 한다. 더욱이 일이 처음일 수 있는 인턴에게 교육은 더욱 필수적이다. 하지만 우린 조금 다른 관점의 팀빌딩 전략을 가지고 있다.

인턴은 새롭고 신선한 뷰를 가지고 있다. 경력직이나 스페셜리스트는 해당 분야에서 노련하고 최고의 기능적인 성과를 낼 수 있겠지만, 신선한 뷰를 갖기에는 어려울 때가 많다. 내가 팀에 합류한 인턴에게 오히려 한 달간의 자유로운 시간과 최고에 가까운 의사결정권을 주는 이유는 이 때문이다. 그들의 새롭고 신선한 뷰는 풀리지 않고 답답하게 막혀 있는 문제를 뻥 뚫어줄 수 있는 잠재력이 있다. 게다가 자칫 관성에 사로 잡혀 일할 수 있는 기존의 멤버들에게 신선한 충격$^{nice\ surprise}$을 선사하기도 한다. 물론 그 결과물이 항상 최고의 품질을 보장하지는 않는다. 그러나 인턴도 자신이 가진 최선의 노력을 할 수 있고 조직도 그들의 최선을 맛 볼 수 있기 때문에 이런 문화는 앞으로도 계속 고수할 것이다.

인턴이라고 무조건 배우기만 하거나 허드렛일을 하는 포지션이 아니란 것을 너무 잘 안다. 이렇게 각 능력을 조화롭게 하기 위한 노력은 팀빌딩에 큰 도움이 된다. 물론 이런 일은 팀빌딩에만 국한되지 않는다. 모든 포지션에서 자신의 최선을 다할 수 있는 업무 환경이 주어져야 한다. 이런 환경은 결국 스스로와 팀 동료 모두를 존중할 수 있는 환경으로 이어져 향후 더하기, 즉 팀빌딩이 수월할 수 있다. 헨리 포드Henry Ford는 이렇게 말했다. "함께 하는 것(팀빌딩)은 시작이며, 함께 지속하는 것은 과정이며, 함께 일하는 것(팀워크)은 성취이다."

3
PART

곱하기
乘
multiply

몰입의
공유를 통해
'자신'의 효율을
높여라

아마 아흐메스(Ahmes: 고대 이집트 수학자)의 시대에도
구구단은 존재했을 것이다.

버트런트 러셀

　구구단은 가장 오래된 인간의 발명품 중 하나이다. 계산기와 컴퓨터가 보편화된 오늘날 아무도 의식하지 않지만 누구도 무시할 수 없는 일상의 기술이다. 구구단은 초등학교 저학년 아이들이 마주치는 첫 번째 난관이다. 나부터 어렸을 때 6단 이후로는 무척 헷갈렸던 기억이 있다. 암기했던 구구단을 실전 문제에서 활용하는 것은 또 다른 문제였다. 개중에는 잊어버릴까 봐 시험지를 받고 아예 모서리에다 구구단을 빼곡하게 적어두던 친구도 있었다.

　마케팅에서 구구단은 존재할까? 더하기와 빼기를 곧잘 하는 마케터들도 막상 곱하기가 닥치면 어려움을 호소한다. "나 혼자는 잘 해낼 자신이 있는데, 어떻게 시너지를 내는지 모르겠습니다."

곱하기, 즉 일에서 가장 효율을 높여야 하는 부분은 어디일까? 시스템의 효율, 조직의 효율, 소통의 효율 등 높여야 할 곳은 정말 많다. 시간이 생명인 현대 비즈니스 환경에서 단순한 더하기만 가지고 마케팅의 문제를 해결할 수는 없다. 하지만 그 모든 것을 이루는 것은 나 자신이다. 효율은 개인부터 높여야 한다. 근본적인 질문부터 던져보자. 개인의 효율이란 것은 어떻게 정의할 수 있을까? MM(man month: 한 사람이 한 달 동안 하는 일의 양)으로 측정할 수 있을까? 의사결정권자 입장에서 가장 말이 잘 통하는 사람이 효율이 높은 사람일까? 효율이란 무엇일까?

1) 태도가 효율성이다

나는 '태도attitude'가 효율을 정의하는 가장 큰 지표라고 생각한다. 한 개인의 효율성도(지표로 측정하긴 어렵겠지만) 그가 가진 태도이다. 그리고 그 태도는 또한 그가 가진 '주체성'으로 평가할 수 있다. 스스로 발전하고 개선하고자 하는 의지가 있는지, 그 의지를 실행할 수 있는지, 그리고 그것을 꾸준히 지속할 수 있는지로 말이다.

개인의 평가는 일을 잘 하고 못 하고가 아니다. 지금 당장 한 개인의 퍼포먼스가 중요하겠지만, 한편으로는 전체를 고려했을 때 그렇게 중요한 것이 아니다. 지금의 능력보다 개인이 얼마나 지속가능한 의지를 가지고 있는지가 더욱 중요하다. 아무리 능력이 뛰어나도 의지와 바라는 바가 조직과 일치하지 않는다면 그의 효율은 점점 형편없어질 것이다. 그러므로 개인의 효율성은 무조건 태도와 관련이 있다.

'태도가 전부다Attitude is everything.'라는 말이 있다. 여기서 태도는 단순히 회사원의 근태나 학생의 수업 태도를 말하는 것이 아니다. 내가 말하는 태도는 의지력과 방향성을 갖춘 자세를 의미한다. 일본의 전설적인 강타자 장훈은 "좋은 자세에서 좋은 타격이 나온다."고 말했다. 나에게 날아오는 모든 볼을 쳐내겠다는 의지, 이번 경기를 이기고야 말겠다는 자세가 게임의 효율성을 극대화시킨다. 타율과 도루 등 각종 부문에서 역사상 유일무이한 8관왕을 달성한 메이저리그 최고의 교타자 타이 콥Ty Cobb은 이렇게 말했다. "나는 결코 지는 것을 견딜 수 없다. 2등은 나의 관심 밖이다. 내 뱃속에 불덩이가 있기 때문이다."

2) 무언가에 몰입하라

'지속적인 의지'를 키우거나 지킬 수 있는 방법은 무엇일까? 바로 '몰입'이다. 우리는 흔히 스트레스를 해소하기 위해 운동이나 취미를 활용하라고 말한다. 어떤 이는 달리기, 어떤 이는 등산을 좋아한다. 어떤 이는 독서나 영화 감상 등 각자가 선호하는 취미가 달라 무엇을 하는 것이 좋다고 권하기가 어렵다. 하지만 이들의 공통점이 있다. 바로 몰입이다. 운동을 하거나 취미 생활을 할 때, 그 어느 때보다 집중의 강도가 높아진다. 몰입을 하는 순간, 평소에 느꼈던 여러 부정적인 생각이나 태도 등은 온데간데 없이 사라진다. 마음 속 평온과 고요만이 찾아오며 더 나아가 자신감이나 보람, 뿌듯함까지 가져온다. 몰입은 현재 내가 하고 싶은 것과 행동이 일치하는 순간으로 자신의 의지를 더욱 강력하게 만드는 경험을 선사한다.

미하이 칙센트미하이Mihaly Csikszentmihalyi는 이러한 몰입의 과정을 설명한다. 자신이 자발적으로 즐거운 활동을 할 때 자의식이 소멸되고 행위 자체가 목적이 되어 통제력을 가지게 되면서 내적 보상을 얻게 된다. 어떤 일에 몰입했을 때 순간 자신이 사라지는 무아지경의 경험을 누구나 한 번쯤 해보았을 것이다. 그는 몰입을 위한 조건으로 분명한 목표를 갖고, 이느 정도 잘하고 있는지를 알며, 도전과 능력이 균형을 이루고, 행위와 인식이 하나가 되어야 하며, 방해받는 것을 피하고, 자기 자신과 시간 및 주변을 잊으며, 경험 자체가 목적이 되어야 한다고 꼽는다.

이런 경험이 꼭 업무 중에만 있어야 할 필요는 없다. 몰입의 경험은 다른 곳으로 분명 전이된다. 즉 운동이나 취미생활에서의 몰입 경험은 자연스럽게 업무로 옮겨가며, 우리에게 필요한 지속적인 의지는 생활 전반에 퍼지게 된다. 특정 분야에 취미를 가진 사람은 그렇지 않은 사람보다 과감하고 창의적인 아이디어를 내놓기 쉽다. 애덤 그랜트^{Adom Grant}는 『오리지널스』에서 다음과 같이 말한다.

"수천 명의 미국인들을 대상으로 실시한 어느 대표적인 연구에서도 기업가와 발명가들의 경우 위와 비슷한 결과를 보였다. 창업을 하거나 특허출원을 한 사람들은 스케치, 유화, 건축, 조각, 문학 등과 관련된 취미생활을 하는 확률이 동료 집단보다 높았다. 기업가, 발명가, 뛰어난 과학자들이 예술에 흥미를 보인다는 사실은 그들이 호기심이 많고 재능이 뛰어나다는 증거이다. 과학과 사업을 새로운 시각으로 보는 열린 생각을 지닌 사람들은 영상, 소리, 언어를 통해 생각과 감정을 표현하는 행위에 매료되는 경향이 높다. 그러나 예술 활동은 단순히 독창적인 사고를 하는 사람들의 호기심을 충족시키는 데 그치지 않고 자신의 전문

영역에서 창의력을 발휘하는 강력한 원동력이 되어준다."(『오리지

널스(한국경제신문)』, 94.)

그랜트는 갈릴레이가 물리학과 천문학에서 깊은 전문성을 갖

추었지만 동시에 유화와 스케치를 취미로 즐겼기 때문에 달 표면

"달 구경도 그림 그리듯이."

의 지형들을 제대로 파악할 수 있었다고 주장한다. 그간 숱한 천문학자들이 망원경을 가지고 오랫동안 달을 관찰했지만, 오직 갈릴레이만이 달의 밝은 부분과 어두운 부분을 잡아낼 수 있었던 것. 그가 그렇게 자신의 전문분야에서 업적을 낼 수 있었던 이유 중 하나는 천문학과 아무런 상관없는 자신의 취미 생활에 몰입해왔기 때문이다. 과학자나 기업가, 발명가들이 취미 생활을 함으로써 경험의 폭을 넓혀 참신한 아이디어를 발견하듯이, 우리도 다양한 몰입 경험을 통해 본업의 성취를 앞당길 수 있다.

3) 몰입의 경험을 남들과 공유하라

몰입의 효과를 더욱 증폭시키기 위해서는 '공유'가 반드시 따라야 한다. 당신이 몰입한 경험의 결과물을 누군가와 나눌 수 있어야 한다. 몰입의 과정을 나눠도 되고, 몰입 후 결과물을 나눠도 된다. 몰입 자체가 당신의 지속적인 의지를 키울 수 있는 일이라면, 공유는 몰입 자체의 지속성을 키우는 일이다. 왜 경험을 공유해야 하는가? 쉽게 이야기하면 이렇다. 무엇이든 혼자하면 재미가 없다. 오래가지 못한다. 그래서 공유를 통해 몰입의 지속성을 높여야 한다. 혼자 트럼펫을 불면 독주에 그치지만, 함께 서로 다른 악기를 연주하면 오케스트라가 된다.

되짚어 보면 개인의 효율은 개인의 지속적인 의지와 연관되어

```
태도  ⇨  몰입  ⇨  지속  ⇨  공유
```

있다. 그 의지는 몰입의 경험을 통해 키울 수 있다. 그리고 공유는 그 몰입을 지속하게 만든다. 그러니 오늘부터 자신이 쉽게 몰입할 수 있는 것을 찾자. 일도 많고 바쁜데 한가롭게 취미나 운동할 시간이 없다고 하지 말라. 그 잠시의 몰입이 당신의 일처리 효율성을 몰라보게 높여 놓을 것이다. 그리고 그 몰입의 활동을 누군가와 공유하자. 몰입의 즐거움이 배가될 것이다. 이는 내가 직접 해보고 추천하는 효율성 배가 원칙이다.

사례 오전 루틴 공유

루틴routine은 루트route에서 나왔다. 등산길은 단 번에 만들어지지 않는다. 여러 산악인들이 시행착오를 반복하며(때로 목숨과 맞바꾸며!) 검증한 길이 루트가 된다. 루트를 믿으면 아무리 높은 태산이라 할지라도 정상에 오를 수 있다. 하루의 성취를 위해 내가 반복적으로 하는 일의 과정을 루틴이라고 한다. 루틴 역시 하루 아침에 이뤄진 것이 아니다. 오랜 세월을 두고 여러 번의 반복을 통해 얻어진 귀한 삶의 지혜이다.

스포츠에서도 루틴은 매우 중요하다. 세계적인 프로 골퍼들을 보면 티-샷을 날리기 전에 저만의 일정한 루틴을 반복한다. 내적으로 평정심을 잃거나 외부 요소들로 그 루틴이 방해받았을 때, 절대 이를 무시하고 샷을 치지 않는다. 다시 처음부터 고집스럽게 루틴을 반복한다. NLB 선수들도 자유투를 시도할 때 공을 두 번 튀긴다든지 티셔츠를 만진다든지 기계적으로 자기만의 루틴을 반복한다. 루틴은 징크스와는 다르다. 루틴은 검증된 과학이지만, 징크스는 입증되지 않은 미신이다.

나는 삶의 일부분을 일정한 루틴으로 채우면 집중력을 강화하고 삶의 의식을 깨울 수 있다고 믿는다. 난 매일 오전을 일정한 루틴으로 시작한다. 루틴을 하면 마음이 가볍고 그날 어떤 일이라도 해낼 수 있다는 자신감이 생긴다. 이 루틴의 모든 초점은 '작은 성공' 만들기에 맞춰져 있다. 나와의 약속, 그리고 그 약속을 망설임 없이 해냈다는 것에서 얻는 만족감은 그날 하루를 지배한다. 오전의 루틴은 일종의 몰입이다. 무엇을 해야 할지 고민 없이 정해진 루틴을 수행한다. 아침 6시 30분에 일어나면 잠자리에서 조용히 '감사하다'를 외치며 일어난다. 침구를 정리하여 곧장 명상 자세로 앉아 어제, 그리고 오늘 아침에 주어진 축복과 감사에 대해서 되뇐다. 미국인들은 이를 '카운트 유어 블레씽count your blessings'이라고 말한다.

명상과 스트레칭, 가벼운 근력 운동을 마친 후, 노트를 펴서 감사 일기를 쓴다. 오늘 꼭 있었으면 하는 일도 정리한다. 물론 커피 한 잔도 잊지 않는다. 이후 책상에 앉아 글을 쓴다. 이미 이 루틴을 지켜온 지 2년이 넘어간다. 몸살감기에 걸릴 때를 제외하고는 이 루틴을 끈질기게 지켜 나가고 있다. 지금 독자들이 읽고 있는 이 책도 바로 이러한 루틴에 의해 나온 결과물이다. 이 모든 과정을 마치는 데 대략 1시간이 걸리지 않는다. 만약 글을 쓰지 않는 날이면 채 30분이 걸리지 않는다. 정말 별 볼일 없이 짧은 시간이지만, 이 루틴으로 인해 내 삶은 분명 풍요로워짐을 느낀다.

투자의 귀재 워렌 버핏Warren Buffett은 매일 아침 출근길에 동네 맥도날드 드라이브-스루에서 맥모닝을 시켜 먹는 루틴으로 유명하다. 전날 투자에서 좋은 수익을 냈으면 베이컨이 들어간 3.17달러짜리 세트를 먹고, 투자에 재미를 보지 못했으면 계란후라이도 빠진 소박한 2.61달러짜리 맥모닝(우리가 아는 그 맥모닝!)을 시켜 먹는다고 한다. 맥모닝을 먹는 억만장자의 모습을 떠올려보라! 세계적으로 손가락에 꼽히는 갑부인 그가 사무실에 도착해 아침을 먹으며 그날 읽어야 할 대부분의 회사 보고서와 투자 기획서, 신문과 서적들을 독파한다. '오마하의 현인'은 그렇게 40년째 지속하고 있는 일상의 루틴으로 효율의 곱하기를 실천하고 있다.

또한 나는 여기서 멈추지 않고 이 루틴을 주변 사람들에게도 추천하고 전파하는 전도사를 자처하고 있다. 바로 '공유'이다. 혼자의 몰입은 몰입의 지속성을 오래가게 하지 못한다. 누군가에게 추천함으로써 몰입의 공감을 얻을 수 있고 추천하는 행동만으로도 내가 그 일을 꾸준히 해야 하는 이유를 갖게 된다. 기회가 된다면 이 참에 당신도 자신의 아침 기분을 근사하게 만들어 줄 수 있는 루틴을 개발해보는 것은 어떨까? 동시에 주변 동료들과 이 루틴을 공유해보자.

시스템을
이용해 업무를
자동화하라

세상은 이쪽으로 넘기든 저쪽으로 넘기든
똑같은 구구단, 혹은 방정식과 같다.

랄프 왈도 에머슨

매출이 오르기 시작한 서비스는 효율을 잡기 위한 노력을 시작한다. 선효과, 후효율은 당연한 수순이다. 올바른 방향을 설정해서 효과를 증명했다면,(보통 이 순간을 마켓핏이 맞았다고 한다.) 이후 성장에 대한 속도를 내기 위해 효율을 생각해야 한다. 효율을 높이기 위한 방향은 이 두 키워드만 생각하면 된다. 바로 '최적화'와 '자동화'이다. 최적화는 비효율을 잡아내고 프로세스의 효율성을 높이는 행위이며, 자동화는 불필요한 과정을 없앰으로써 결국 과정의 단순화를 지향하는 행위이다.

두 가지 전략 모두 초반에는 더 나은 고객 경험(과정) 개발과 그 경험을 제공하는 인력의 개발로 시작하나, 나중에는 이 모든 것들을 생략하거나 삭제함으로써 최적화와 자동화를 이뤄낼 수 있다. 가령 웹사이트 내 특정 행동을 했던 고객을 대상으로 적합한 DM(다이렉트 메일)을 보내는 CRM(고객 관계 관리)을 제공한다고 치자. 기존에는 특정 행동을 한 소비자를 정해진 시간 기준에 맞게 이메일 추출을 하고 그에 맞는 메일을 하나하나 보냈어야 하며, 이후 행동을 같은 방식으로 추적하여 지속적인 관리가 필요했다. 이를 위해 이 과정을 잘 이해하고 웹사이트 내 고객의 행동을 이벤트 태그로 정의하며 데이터 분석을 하고 최종적으로 이메일 리스트에 적합한 메일을 작성하여 보내는 숙련된 담당자가 필요했다. 이 담당자는 끊임없는 자기 개발과 이 업무에 맞춘 능력을 지속적으로 배양하여 이 업무를 더 숙련되게 할 수 있다. 이 활동을 최적화라고 이야기 할 수 있다.

그런데 시스템을 더 향상시키기 위해서는 최적화를 넘어 자동화로 가야 한다. 숙련된 담당자는 자신이 그 일을 하지 않더라도 같은 아웃풋이 나올 수 있는 시스템(프로그램)을 고민해야 한다. 한마디로 곱하기 과정이다. 전 과정을 자동화시킬 수도 있고, 부분적인 과정을 자동화시킬 수도 있다. 또한 자동화를 내부에서 직접적인 시스템 개발로 진행할 수도 있고, 외부의 자동화된 도구를 유료로 사용할 수도 있다.

개인적인 의견으로는 부분적으로 외부 도구를 이용해서 자동화를 시도하는 것이 좋다. 위에서 언급한 시나리오 이메일 발송 역시, 외부에서 사용 가능한 수준 높은 도구가 상당히 많으며, 이를 이용해 메일을 활용한 마케팅 리소스를 혁신적으로 줄일 수 있다. 이런 자동화 도구가 익숙해지면, 이를 바탕으로 내부 프로세스를 전반적으로 자동화시키기 위해 자체 프로그램을 개발하는 단계를 거친다.

이를 통해 기존의 해당 업무를 하던 담당자는 해당 과정을 지속적으로 최적화해가며 자동화 도구를 개선할 수 있으며, 다른 영역에서의 업무를 지원할 수도 있다. 구성원 모두가 이런 과정을 밟아야 한다. 자신이 하는 업무의 최적화를 먼저 고민하고 이를 자동화시켜 보자. 그리고 자신은 반드시 이 시스템에서 제3자의 시각을 가지고 있어야 한다. 그래야 더욱 발전적인 업무를 할 수 있다. 그리고 그 자동화 시스템을 통해 비즈니스나 서비스는 한층 더 큰 도약을 맞이할 수 있다.

자동화는 사소한 일상에서부터 실천할 수 있다. 집안 청소와 설거지 때문에 해리포터 시리즈를 기한 내에 못 끝내고 있는 조엔 롤링을 떠올려보라. 자동 청소로봇과 자동 식기세척기는 그냥 폼으로 있는 것이 아니다. 나에게 더 절박하고 중요한 일을 하는 과정에서 비록 필수적이지만 반복되는 사소한 일들은 과감하게 자동화나 아웃소싱으로 돌려 나의 창조적 에너지를 보다 건설적인 업무에 집중하는 것이 더 현명하다. 롤링이 주당 생활 보조금 70파운드를 받아서 어린 딸을 키우는 허드렛일에만 지속적으로 시간을 빼앗겼다면, 해리포터 시리즈의 후속편은 지금보다 훨씬 늦게 세상에 나왔을 것이다. 롤링은 집필을 제외한 나머지 일들은 과감하게 시스템에 맡겼다.

마케터에게 시스템의 존재는 진구에게 도라에몽이 있었던 것과 같다. 도라에몽은 주머니에서 신비하고도 재밌는 비밀 도구를 꺼내서 진구의 일상에 효율성을 높여준다. 친구와의 갈등, 학업과 숙제 등에서 도라에몽의 도움을 받으며 진구는 찌질이에서 멋진 학생으로 변모해 간다. 진정한 시스템의 위력은 하수구에 버려지는 시간들을 마법처럼 줄여주고 생산성을 높여주며 일의 우

시스템은 도라에몽 방울과 같다.

선순위를 정리해 주는 데에 있다.

업무 자동화는 정말 중요하다. 몇 번을 강조해도 절대 과하지 않다. 업무 자동화는 왜 필요할까? 최대한 더 중요한 일에 집중하기 위해서다. 자동으로 처리 가능한 업무들에 매번 귀한 시간을 들여 직접 하는 것은 죄악이다. 먹다 남은 음식이 많아져 처리해야 할 음식쓰레기가 많아지는 것과 다름없다. 일의 싱크대에서 악취가 나고 파리가 들끓는다면 자동화 시스템을 떠올려보라.

보통은 직접 처리해야 할 일이 아니라면, 위임하면 된다. 그런데 위임을 받은 이도 그 일이 내가 해야만 하는 일인지 고민하게 된다면 그 일은 회사 안에 있을 필요가 없다. 이것은 마치 폭탄 돌리기와 같다. 나에게 시간만 잡아먹는 불필요한 업무를 주변에 떠넘기는 행위. 이로써 팀의 업무는 느려지고 팀워크는 실종된다. 정기적으로 복합기를 관리하는 업무 때문에 일의 효율성이 떨어지는 사람이 팀원 중에 있다면, 전문 OA업체를 통해 그의 업무를 줄여나가는 것이 팀 전체에 도움이 된다.

아웃소싱(외주)으로 일을 맡기거나 자동화를 통해 단순 반복 업무에 쓰이는 시간을 최소화해야 한다. 그래야 조직과 구성원은 자신이 가장 잘 할 수 있는 생산적인 일에 집중하게 된다. 이는 궁극적으로 개인이 일을 더 즐겁게 할 수 있도록 만들어주고 팀 전체의 효율성도 높여준다.

앞서 언급한 업체인 그래비티나인의 전환율 상승 솔루션은 그런 목적으로 제작된 도구이다. 대부분의 이커머스 사이트에는 고객을 구매로 전환시키는 설득 전략이 있다. 그런데 이를 구현하기 위해 매번 코딩 작업을 할 수는 없는 노릇이다. 사업 주체가 이를 기획한다해도 결국 작업은 위임되어야 할 일이다. 이것만 계속하는 개발자가 있다면 그 역시 반복되는 이 일을 즐겁게 할 수 없을 것이다. 결국 이 업무는 외주로 넘기거나 자동화해야 한다.

그렇다면 무엇을 외주로 돌리고 무엇을 자동화할 것인가? 이때는 비용과 지속 기간이 고려된다. 매건 외주로 맡길 경우 발생하는 비용과 자동화로 프로그램을 만들 경우 발생하는 비용을 기

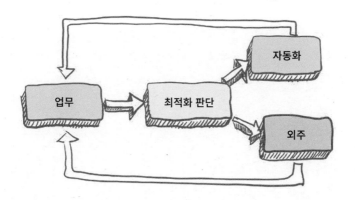

간 별로 산정하여 어떤 선택이 올바른지 결정해야 한다. 그래비티나인의 경우, 자동화 프로그램을 만드는 것이 더 매력적이라고 판단되었다. 이를 통해 인터넷 여기저기에 흩어져 있는 제품 후기를 박박 긁어와 자사 쇼핑몰에 배치할 수 있게 되었고, 특정 프로모션에 카운트다운을 걸어 소비자들의 구매를 유도할 수 있었다. 또한 배송 시간을 안내해 줄 수 있어 구매를 망설이는 고객을 줄일 수 있게 되었다.

당신의 조직에서 꼭 필요하지만 그 누구도 맡고 싶어 하지 않는 업무가 있는가? 그 업무는 반드시 자동화해야 할 영역이다.

무조건적인
비판을 통해
개선에 속도를
배가하라

내부의 적이 더 치명적이다.

사마천

"레드팀 들어오세요!"

설렘에 긴장, 살짝 두려움도 느껴지는 순간이다. 자신의 아이디어와 전략을 평가받는 시간이 아니라 무조건 비판받는 시간이기 때문이다. 나는 사내에서 그 역할을 담당하는 팀을 '레드팀red team'이라고 부른다. 2002년 대한민국은 '비 더 레즈Be the Reds' 티셔츠로 온통 뒤덮였다. 붉은 악마들은 너도나도 태극기를 두르고 길거리에서 만나는 처음 보는 사람하고도 어깨동무를 하며 "대~한민국!"을 외쳤다. 우리나라에 붉은 악마가 있다면, 내 회사에는 레드팀이 있다.

레드팀은 왜 필요할까? 보통 기획은 팀장급에서 이루어진다. 팔은 안으로 굽는다고 상사가 담당한 마케팅 전략이 아무리 객관적인 시각을 가지고 수립되었다 하더라도 그 완성도를 스스로 평가할 수 없다. 그렇다고 동료들에게 객관적인 평가를 요청할 수도 없다. 조직 내에서 계급장 떼고 동료의 기획서에 솔직하게 달라붙을 직원이 그리 많지 않기 때문이다. 기획자가 직급이 높은 사람이라면 더욱 그렇다. 보이지 않는 위계는 기획서 위에 감히 범접할 수 없는 성역을 둘러친다. 조금만 비판적인 시각을 내비쳐도 '거 참, 사회생활 그 정도로밖에 못해?'라는 무언의 눈총을 받을 것 같다. '가만히 있으면 중간이라도 간다.'는 속담(내가 제일 싫어하는 속담!)도 여기에 한몫한다.

용케 평가자를 구했다고 치자. 평가자가 엄밀하고 꼼꼼한 잣대를 들이대어 기획서를 갈기갈기 난도질했다면? 벌벌 떨면서 PT를 진행하는 기획팀 막내에게 선배랍시고 서슬 퍼런 칼날을 휘두르는 꼴이 보기 좋은가? 업계에서 "고레와 진겐쇼부데쓰!"에 "요시!"를 외칠 팀이 얼마나 될까?(아무래도 만화를 너무 많이 봤나 보다!) 망나니의 참수를 구경하듯 장렬히 전사하는 막내에게 박수를 쳐줄 팀원들은 이 세상에 거의 없다.

비판도 잘해야 비판이지 조금이라도 선을 넘으면 비판은 비난

이 된다. 이 과정에서 서로의 마음이 상할 수도 있고, 오히려 자신의 아이디어를 방어하는 과정에서 객관적인 시각을 잃을 수도 있다. 그래서 '무조건 비판하는 팀'이 필요하다. 이들은 '의무적으로' 기획서를 비판해야 한다. 이는 마치 역할놀이와 비슷하다. 이들의 역할을 정확하게 인지한 순간, 서로 감정의 고갈과 실망은 없다. 자신의 전략이 아무리 뛰어나도 이들이 무조건 비판을 할 것이란 사실을 알면 그 비판은 도움을 전제로 한 조언으로 바뀌어 전달된다. 비판하는 사람도 비판받는 사람도 감정에서 자유로워진다.

로마 가톨릭에는 아드보카투스 디아볼리advocatus diaboli라는 직위가 있다고 한다. 우리말로 옮기면 '악마의 대변인'쯤 될 것이다. 예전에 키아누 리브스 주연의 「데블스 애드버킷」이라는 동명 영화도 본 적이 있다(내 기억에 종교 영화지만 19금 장면도 한두 개 나온다!). 이들이 교회 조직 내에서는 '증성관證聖官'이라 불린다고 한다. 이들은 특정 의견이나 제안의 타당성을 시험하기 위해 일부러 반대 의견을 내는 역할을 담당한다. 한 마디로 조직 내에서 만장일치를 막기 위해 무조건 비판하고 딴지를 거는 존재이다.

종교는 성직의 절대적인 권위와 신에 대한 철저한 복종을 그 특징으로 삼는다. 교황이나 추기경 중 한 명이 어떤 인물을 추대한다고 할 때, 그 권위 때문에 대놓고 반대하기가 쉽지 않다. 자연

"난 이 기획서 반대야, 반대!"

스레 종교지도자의 발언에 신성한 이유가 덧씌워진다. 그렇기 때문에 가톨릭교회는 한 인물을 시복하거나 성인으로 추대할 때 사람들이 모르는 어두운 이면을 뒤져 그를 깎아내리는 존재, 데블스 애드버킷이 반드시 필요한 것이다.

사실 잘 나가는 조직일수록 데블스 애드버킷이 더 필요하다. 연이은 성공으로 한껏 자신감이 충천할 때 이견을 내는 것은 쉽지 않다. 지금껏 이룩한 과업과 공로를 추어주는 데 몰입하다 보면, 잠재적 위험 요소나 내부의 균열을 감지하고 이를 지적하는 일은 더욱 어려워진다. "에이, 이제껏 승승장구했는데 무슨 소리야. 괜히 초치는 소리하지 말고 가만히 입 닫고 있어." "뭐 어쩌자는 거야? 비판만 하지 말고 대안을 내놔 봐!" 비판적 입장에서 사안에 접근하는 소수를 도전을 무서워하는 겁쟁이나 동료의 성취를 시기하는 부도덕한 이들로 치부하기 딱 좋다.

그러나 교회든 회사든 여럿이 모인 조직이나 집단 내에서 만장일치란 있을 수 없다. 북한의 인민대회이거나 강단을 장악한 교주의 부흥집회가 아니라면 두 명 이상이 모인 조직에서 다른 생각이 나오는 것은 인지상정이다. 그 이견을 조정하고 합의하여 제3의 대안으로 나아가는 것이 건전한 조직의 의사소통 방식이다. 아주 간단한 토론 과정도 생략된 채 힘 있고 목소리가 큰 사람의 주장에 조직 전체가 휩쓸려 내린 결정은 만장일치라는 착시를 주기 십상이다. 그런 의사결정 과정은 솔직히 마케팅 전략 미팅에서 제일 위험한 순간이다. 레드팀이 필요하다.

그래서 당신의 팀에도 레드팀 운영을 추천한다. 방법은 간단하다.

1. 마케팅 전략이 완성될 때마다 레드팀과의 대화를 요청하라.
2. 레드팀은 사전에 이 서비스에 깊이 관여하지 않은 팀원들로 구성하라.

3. 레드팀은 사전에 질문을 준비하지 않아도 되지만, 총 10개 이하의 비판을 준비하라. 이는 레드팀 요청자와 미리 공유되어야 한다.

4. 비판거리가 10개 이상이라면 우선순위를 정해 10개 이하로 정리하라.

5. 요청자는 레드팀의 비판에 반드시 답변해야 한다. 도중에 자연스러운 토론으로 이끌어가도 좋다.

6. 레드팀과의 면담은 40분 이내로 진행하는 것이 좋다. 그 이상 진행되면, 반드시 브레이크 타임을 가져라. 이 시간에 사적인 대화로 긴장을 풀도록 한다.

7. 반드시 참여자(요청자, 레드팀)는 서로의 역할을 존중해야 한다.

사례 오피노 레드팀

"레드팀! 도와주세요!"

자신의 아이디어가 완벽하게 느껴지더라도 비판을 목적으로 한 레드팀과의 대화는 이제 우리 회사의 대표적인 문화가 되었다. 이런 레드팀과 소통이 익숙하지 않으면 비판에 방어적인 태도를 취한다거나 그 시간 자체가 고통스럽게 느껴질 수 있다. 반면 이 시간이 익숙해지면, 비판을 말 그대로 비판으로 받아들이는 태도가 생긴다. 그럼 생산적인 대화는 더 증가하며 개선의 속도도 더욱 빨라질 수밖에 없다.

레드팀의 비판 대상에는 인턴이나 대표, 직위와 직급의 구분이 없다. 대표인 나 역시 야심차게 준비한 프로젝트를 놓고 레드팀을 불러들여서 호되게(?) 비판을 받은 적이 있다. 초반 5분 간 정곡을 찌르는 질문들로 얼굴이 벌겋게 달아올라 정신을 차릴 수 없었다. 그 자리에서 이런저런 답변을 찾다가 이전에 미처 생각하지 못했던 부분에서 논리가 꼬이고 적절히 대응하지 못해 거의 울어버릴 뻔 했다(아마 살짝 울었을 수도 있다!). 아무리 천재적인 사람이라도 다른 사람보다 일을 잘할 수는 있겠지만 나은 관점을 가질 수는 없다. 관점view은 나은 게 아니라 다르기 때문이다. 이 다른 관점을 가지고 서로의 기획서와 제안서를 비판하는 것은 정말 어디서도 얻을 수 없는 소중한 관점을 배울 수 있는 기회가 된다.

레드팀의 존재 목적은 비판 그 자체에 있지 않다. 결국 시간을 들여 비판에 노출되는 훈련을 하고 그로 인해 생산적인 소통을 할 수 있는 것에 그 목적이 있다. 레드팀은 마케팅 업무 과정에서 더 빠르고 생산적인 팀을 구축할 수 있게 도와준다. 당신의 팀도 이제 비판에 즐겁게 노출되어 보라.

매뉴얼로
업무 프로세스 효율을
배가하라

대부분의 사람들은 소프트웨어 매뉴얼을
다루듯 업무 매뉴얼을 다룬다.
한 번도 매뉴얼을 들춰보지 않는다.

제임스 레빈

  업무에 선배가 있어서 좋은 이유는 그가 한 실수를 내가 되풀이하지 않아도 되기 때문이다. 사수는 신입에게 업무 분장뿐 아니라 피해야 할 빈번한 실수와 잘못들을 주지시킨다. "이건 이래서 안 되고 저건 저래서 안 돼." 처음 회사에 들어와 모든 게 낯선 신입에게 자신의 부끄러운 흑역사를 까발려 온고지신溫故知新의 덕을 실천하는 친절한 선배만큼 소중한 존재는 없다. 안타까운 건 '개구리 올챙이 적 생각 않는다.'는 사실이다. 대부분 고참들은 신입에게 스스로를 완벽에 가까운 초사이언으로 내세운다. "라떼는 말이야."로 시작하는 전형적인 꼰대 기질이 발휘된다. 무흠한 선배 밑에서는 자학하는 후배만이 있을 뿐이다.

업무 가이드가 자상한 선배 노릇을 대신할 수 있다. 선배만큼이야 못하겠지만 매뉴얼은 시간과 비용의 낭비를 최소한으로 줄여준다. 업무 매뉴얼, 가이드, 지침, 프로토콜, 뭐라고 불러도 좋다. 인원이 적은 소규모 업장에서도 이미 매뉴얼의 존재는 상식이 되었다. 그럼에도 여전히 기록 없이 업무를 해내고 있는 곳이 있다. 용감하다 못해 객기 수준의 만용이다. 현재의 업무가 바쁘고 노하우가 고스란히 현장의 경험치로 쌓인다는 건 부정할 수 없겠지만, 사람은 망각의 동물이라 하지 않던가. 일요일, 오랜만에 집 거실에 있는 냉장고를 뒤져보면 피자며 치킨이며 작년에 먹다 남은 음식들이 끝도 없이 쏟아지는 경험이 있지 않던가? 우리가 가진 기억이라는 것이 얼마나 하찮은가?

망각엔 장사가 없다. 그러니 기록해야 한다. 그런데 단순 기록이 아니다. '일의 맥락과 순서'가 있어야 하고 다음 프로젝트 때에도 적용하여 얻어낼 수 있는 '예측 가능한 결과물'이 있어야 한다. 그러니 단순한 업무 일지를 넘어 업무의 과정과 순서, 결과와 평가까지 일목요연一目瞭然하게 적어야 한다. 매뉴얼은 그런 기록의 결과물이다. 매뉴얼의 존재만으로도 당신은 남들이 소유하지 못한 엄청난 업무 무기를 갖게 된다. 매뉴얼은 스커드 미사일을 핵미사일로 바꾸어준다.

어떤 업종이든 고수들은 자신만의 매뉴얼, 업무의 비기秘記를 갖고 있다. 고수高手라는 단어에는 '손'이 들어간다. 영단어 매뉴얼manual은 '손'이라는 뜻의 어근 '마누manu-'에서 나왔다. 그래서 육체노동을 영어로 manual labor라고 한다. 노동은 '몸'을 놀리는 게 아니라 '손'을 놀리는 것이다. 손톱에 바르는 매니큐어manicure나 '제조'를 뜻하는 매뉴팩쳐manufacture도 이 어근에서 나왔다(옛날에는 물건을 다 손으로 만들었으니까). 어원이 암시하듯, 기계공이 작업장에서 직접 한 손에 설명서를 들고 다른 손에 공구를 든 채 작업하도록 만들어진 게 매뉴얼이다. 다른 말로, 직접 손으로 현장에서 뚝딱뚝딱 해보면서 하나씩 정리한 것이다. 현장에서 매뉴얼이 나온 셈이다.

우린 일상에서 여러 서비스를 이용하면서 정말 많은 매뉴얼을 만난다. 냉장고에도 TV에도 진공청소기에도 다 매뉴얼이 있다. 하다못해 어렸을 적, 프라모델 장난감을 사면 박스 안에 조립 설명서가 있지 않은가. 이것도 매뉴얼이다. 설명서가 없는 건담 프라모델을 떠올려보라. 그 상황만큼 막막한 때가 따로 없다. 문제는 매뉴얼이 있어도 우리는 대부분 이를 무시하다가 큰코다친다는 점이다. '제품 사용 전 반드시 설명서를 읽으시오.'라는 붉은색 문구가 무색할 정도이다.

익숙하지 않은 업무는 신입에게 시작부터 부담과 혼란을 가져올 수 있다. 이는 업무 시작 자체를 어렵게 만든다. 가장 쉬운 방법은 이미 그 업무를 해본 선배에게 물어보는 것이다. 하지만 모두 저마다 맡은 일 때문에 바빠서 자투리 시간조차 내기 힘들다. 그래서 매뉴얼은 그 시작을 아주 쉽고 용이하게 만들어 준다. 매뉴얼의 필요성은 일의 효율에 있다. 인간이 두려움을 느끼는 근본적인 이유는 미래를 알지 못하기 때문이다. 어떤 일이 생길지 모른다는 것 자체만으로도 두려움이 온몸을 휘감는다. 사실 미래를 아는 것만으로도 두려움은 어느 정도 사라진다. 막상 직접 닥쳐 보면 생각했던 것만큼 그렇게 어렵지 않다는 것을 알게 된다. 심지어 그 미래가 나에게 안 좋은 일이 생기는 것이라도 그 사실을 미리 아는 것만으로도 두려움은 상당 부분 해소된다.

매뉴얼은 두려움을 없애는 좋은 도구이다. 업무의 시작과 끝이 모두 기재되어 있기 때문이다. 그러니 두려움을 없애기 위해 "잘 할 수 있다!"라는 구호 말고 매뉴얼부터 만들어라. 매뉴얼이 만족스러웠던 경우는 그 안에 예측 가능한 위험이 기재되어 있는 경우였다. 매뉴얼을 통해 완벽한 업무 처리가 이루어지는 건 모두의 바람이다. 하지만 100% 완벽한 매뉴얼은 존재하지 않는다. 사업은 프라모델 조립과 같지 않다. 인생은 더욱 그러하다. 언제나 예상치 못한 위험과 뜻밖의 난관이 닥칠 수 있다. 이미 위기를 겪은 이들이 반복적으로 발생 가능한 위험을 매뉴얼에 적어 놓을 수 있지만, 사업상 일어나는 모든 문제를 다 알 수는 없는 노릇이다. 단지 매뉴얼을 통해 우리가 얻을 수 있는 것은 리스크가 발생했을 때 어떻게 대처해야 할지 유사한 사례들을 통해 예상할 수 있다는 자신감이다.

위대한 천문학자 케플러Johannes Kepler가 행성운동법칙을 발견하는 데 그의 전임자였던 튀코 브라헤Tycho Brahe의 관측 기록이 결정적인 역할을 했다는 것은 잘 알려진 사실이다. 케플러는 오랫동안 행성의 운행과 우주의 일정한 운동법칙을 알아내려고 했다. 그러한 그에게 선배이자 스승이었던 브라헤의 치밀한 연구 매뉴얼은 커다란 도움이 되었다. 수십 년에 걸쳐 정밀한 관측을 토대로 행성들의 운동과 주기를 꼼꼼하게 기록한 브라헤의 자료가 없었더라면 아마 케플러의 발견은 불가능했을지 모른다. 어쩌면 브라헤가 남긴 매뉴얼이 케플러에게는 아이작 뉴턴Isaac Newton이 말했던 '거인의 어깨'였는지도 모른다.

'다름'이라는 것이 존재하기 위해선 의견을 주고받아야 할 파트너 혹은 기준이 필요하다. 만약 이 일을 매번 홀로 처리하고 업무 결과와 과정, 평가가 누적되어 있지 않다면, 늘 일은 새로울 것이며 그때마다 새로운 기준을 만들어내기 위해 시간을 빼앗길 것이다. 그런데 단 하나의 결과물이라도 기록되어 있다면 다음에

거인의 어깨 = 매뉴얼

일을 처리하는 사람은 그 기록을 기준으로 일에 대한 다른 시각을 가질 수 있다. 이것은 매우 중요하다. 왜냐면 기준을 통한 다른 시각은 아무리 사소한 것이라 할지라도 '개선' 효과를 주기 때문이다. 매뉴얼은 한번 기록되고 그만이 아니다. 일처리 과정은 개선될 수 있다. 그 자체가 마케팅이고 서비스이기 때문이다. 그러니 이 과정의 개선은 반드시 기록되어야 한다. 그럼 조직의 성과는 더욱 좋아질 수밖에 없다.

사례 **오피노 인턴 매뉴얼, 위키피디아**

내가 운영하는 회사에는 인턴 매뉴얼이 존재한다. 감사하게도 그동안 입사한 인턴들이 스스로 회사에 적응하는 과정에서 겪을 수 있는 고충을 없애고자 하나 하나 기록한 정보가 매뉴얼이 되어 새롭게 입사하는 친구들이 업무에 빠르게 적응할 수 있도록 돕는다. 이제는 없어서는 안 될 대표적인 오피노 매뉴얼이 되었다. 사실 신입사원 한 명이 입사하게 되면 작게는 와이파이 비밀번호부터 다양한 문서의 저장 위치, 활용 방법까지 알려줘야 할 것이 너무 많다. 그동안은 입사 선배나 팀장이 사수가 되어 1:1로 알려 주었다. 이 과정이 그들의 유대 관계를 긴밀하게 만들어 주기는 하지만 교육의 효율성이 낮고 교육자가 본업에 할애해야 하는 시간이 적어져 어떤 면에서는 신입사원 교육이 팀 내에서 부담스러운 업무가 되어 버렸다. 그런데 사내 업무 매뉴얼이 만들어지고 새롭게 정보들이 업데이트 되면서 매뉴얼 하나만 잘 숙지해도 신입사원이 헷갈리거나 혼란스러워 할 수 있는 일을 미연하게 방지할 수 있게 되었다. 또한 이런 매뉴얼을 숙지하면, 바로 현업에 관련된 스터디가 가능하니 적응뿐만 아니라 개인과 조직의 성장에도 큰 도움이 된다.

물론 이런 매뉴얼은 비단 신입사원에게만 적용되는 것이 아니다. 이미 왕성하게 프로젝트를 진행 중이라 하더라도 각자의 업

154 ——————————— 마케터의 사칙연산

무 스타일과 학습 방식에 따라 노하우가 달라지기에 시간이 가면 갈수록 업무 양식이 달라질 수 있다. 이는 장기적으로 업무 표준화를 해치고 조직의 커뮤니케이션 효율성을 저해할 수 있기에 수시로 각자의 업무 방식을 공유할 필요가 생긴다. 이는 '사내 위키피디아'로 노하우 및 업무 방식, 사례 등을 꾸준히 공유하면서 동료들과 성장을 공유하고 걸음의 속도를 맞출 수 있는 유용한 매뉴얼을 요청하게 된다.

어느 날, 회사 대부분의 업무와 관련된 질문이 특정인에게 집중되는 것을 발견했다. 게다가 그 질문들은 꽤 많이 겹치는 것들이었다. 이 상황을 즉시 바로 잡지 않으면 비효율의 끝판왕을 볼 수 있다는 확신이 들었다. 그래서 구글 드라이브나 슬랙을 이용하여 누구라도 쉽게 질문을 올리고 해당 질문의 알람을 받으면 누구나 답변을 달 수 있는 시스템을 만들었다. 또한 이렇게 생성되고 누적된 질문과 답변은 검색 포털화해서 이후 비슷한 질문이 나올 경우 이전 기록들을 찾아볼 수 있게 했다. 사실 이런 사내 정보 인프라 구축에 들어가는 비용은 제로에 가깝다. 다만 이를 제대로 만들거나 활용하지 못하는 이유는 사내 분위기와 습관 때문이다. 질문이 떠오르는 순간, 사내 정보망을 검색하는 것보다 옆자리에 있는 동료에게 바로 물어보는 것이 100배는 빠르기 때문이다. 하지만 모가지가 잘려 날뛰는 닭처럼 여기저기서 튀어나오는 맥락 없는 질문은 모두를 혼란에 빠트린다.

자, 이제 날뛰는 닭은 기름에 튀겨 치킨을 만들자. 그리고 매뉴얼을 통해 조직의 노하우를 지속적으로 관리, 개선하자. 이를 통해 조직의 업무 효율성을 빠르게 향상시킬 수 있다. 만일 이런 기록의 행위가 없다면 조직의 구성원이 어렵게 쌓은 여러 유익한 정보들은 공중으로 그냥 사라지고 말 것이다. 자, 지금부터 당신의 조직에도 이런 기록을 시작해보는 것은 어떨까?

고객 소통에
필요한 콘텐츠
효율을 배가하라

듣고 싶어 하는 사람이 없다면
어떤 스토리도 살아남을 수 없다.

조엔 K. 롤링

마케터는 콘텐츠를 통해 고객과 소통하게 된다. 직접 대면보다는 브랜드의 이야기, 상품과 서비스의 내용을 토대로 잠재 고객과의 소통을 생각한다. 그런데 마케터 입장에서 이 콘텐츠가 왠지 모르게 기획하고 제작하기 쉬운 일이 아니란 생각이 든다. 그런 생각을 하다 보니 콘텐츠 제작이 더 어려워지는 게 아닌가 싶다.

이렇게 생각해보자. 당신은 달리기에 관심이 많다. 그리고 달리기에 대해서 전혀 모르는 사람에게 그 운동이 얼마나 재밌는지 설명해주려 한다. 그럼 어떻게 해야 할까? 애초에 질문이 잘못됐다. 달리기에 관심 없는 사람과는 달리기 이야기를 하지 말라. 세상에 달리기에 관심 있는 사람이 얼마나 많은데 관심 없는 사람을 붙들고 징징거릴 필요가 뭐가 있겠는가? 시간 낭비다. 당신이 청하지 않아도 당신의 이야기를 듣고 싶어 하는 사람은 넘쳐 난다. 바로 그런 사람을 찾아라. 쉽게 이야기 하면, 타깃팅targeting 이다. 사이클 앱을 써서 매일 왕복 40km를 자전거로 출퇴근하는 박 대리에게 현대차 브로셔를 들이밀며 연비 좋은 경차를 골라달라고 보채는 건 누가 보더라도 타깃팅이 잘못되었다. 우물에 가서 숭늉 찾는 격이다.

STP에 두 번째가 타깃팅이다. 시장을 세분화하고 나서 마케터는 타깃을 설정해야 한다. 시장 세분화가 적절한 시장을 찾는 과정이라면, 타깃 설정은 시장의 매력도, 이를 테면 규모나 성장성, 수익성 따위를 따져보고 전략적으로 하나의 시장에 마케팅을 집중하는 과정을 말한다. 시장의 매력도를 가늠하는 기준으로 향후 시장이 어느 정도의 규모로 성장할 가능성이 있느냐도 중요하겠지만, 기업이 어떤 제품과 서비스를 제공할 수 있느냐가 더 중요할 수 있다. 역량이 되지 않는 기업이 능력 밖의 시장을 타깃으로 정할 수는 없기 때문이다.

마케터가 가장 많이 실수하는 타깃팅 중 하나가 바로 두루뭉술한 설정이다. 30대 남성 모바일 유저, 혹은 20대 여성 화장품 고객… 이런 식의 타깃팅은 무용지물이다. 당신의 달리기 이야기를 들어줄 만한 사람이 30대 남성이라면? 여기서 개인 이야기를 잠깐 해보자. 난 마케터인 동시에 이제 막 생후 100일이 지난 쌍둥이 육아에 골몰하는 30대 초보 아빠이기도 하다. 그런데 내가 속한 카톡방 친구들은 대부분 아이가 없다. 심지어 미혼과 비혼도 많이 섞여 있다. 이런 상황에서 내가 초보 아빠로서 어떻게 하면 첫째의 기저귀를 갈면서 동시에 둘째에게 우윳병을 물리는 고난이도 스킬을 시전할 수 있는지 묻는다면 대번 '싱거운 놈'으로 낙인찍힐 것이다. 거기다 대고 눈치 없게 써보니 땡땡 이유식이 좋다고 장황하게 품평을 늘어놓는다면, 아직 가정도 꾸리지 않은 친구들이 득실거리는 단톡방에서 온갖 욕을 먹으며 강퇴당할 것이 뻔하다. 이처럼 '30대 남성 모바일 유저'라는 타깃 안에 얼마나 다종다양한 잠재 고객군이 끼어있을 수 있는가?

이렇게 인구통계만을 기반으로 한 단순 관심사의 타깃팅은 마케팅에 있어 별 소득이 없다. 성별이나 연령, 특정 관심사로는 오늘날 미분화微分化된 소비자층을 파악하기 힘들기 때문이다. 이런 타깃팅은 캠페인을 제대로 운영해보지도 못하고 당신에게 실망감을 안겨줄 가능성이 크다. 그럼 어떻게 해야 할까? 아래 몇 가지 내용을 나열해보겠다.

1) 직접 고객이 되어라

너무 흔해 빠진 말이다. 지나가는 똥개도 할 수 있는 말이겠다 (강아지를 무시하려는 의도는 없다!). "고객이 되어라."는 정말이지 연인들의 "사랑해."만큼이나 진부하다. 그런데 따지고 보면 또 "사랑해."라는 말에 속고, 또 "사랑해."라는 말이 세상에서 제일 중요한 언어 아닌가? 마찬가지로 "고객이 되어라."도 진부한 말인 만큼 중요한 말이다. 흔한 말이라는 사실이 그 말이 중요하지 않다는 이유가 되는 건 아니다.

이렇게 말해 보자. 방금 달리기에 관심이 있는 나를 다시 예로 들어보겠다. "고객이 되어라."라는 조언은 매일 아침 달리는 도중에 느끼는 불편함을 찾아보라는 말도 포함되지만, 달리기에 관심이 많은 나라면 대번 어떤 방식의 달리기인지 궁금해질 것이다. 달리기 이야기를 하는데 그냥 "오늘 아침 5km를 달렸어."라는 말은 그리 흥미를 끌 만한 요소가 없을 것이다. 그런데 이런 접근은 어떨까? "5km 달리기를 하는데 2km 지점에서 그만 데드포인트dead point를 경험했지 뭐야?" 어떤가? 조금 더 흥미롭지 않은가? 데드포인트가 뭔지 모르는 사람이라면 "근데 데드포인트는 뭐야?"라고 물을 것이다. 마라토너들이 느끼는 극한의 상태를 가리키는 데드포인트는 마라톤 유경험자가 아니고서는 알 수도, 느낄 수도 없는 것이다.

여기엔 몇 가지 비밀이 숨겨져 있다. 바로 청중과 유사한 '사람'이 경험이 가능할 법한 '사건'을 구체적인 '사례'로 말했다는 것이다. 이처럼 타깃팅을 위해서는 이 세 가지 '사'로 이루어진 이야기가 필요하다. 즉 당신은 고객이 되어 스스로 듣고 싶은 이야기를 위 세 가지 '사'를 활용하여 디자인해야 한다. 그럼 모두 다 콘텐츠로 만들고 싶어 안달이 날 것이다.

2) 고객의 불편함을 공감하라

최근 개인적으로 흥미를 갖게 된 브랜드들이 있다. 이 브랜드들의 공통점은 무엇일까? 자신들의 해결책에 초점을 맞추는 것보다 고객의 불편을 공감해준다는 것이다. 공감도 못하는 시대에 공감이라도 해준다면 당연히 솔루션은 믿을 수 있지 않을까라는 생각이 작동하는 것 같다. 불편의 공감은 위의 이야기와 유사하겠지만, 이는 고객의 경험을 살펴보는 정도에서는 절대로 알 수 없는 일이다. 직접 고객이 되어야 한다. 직접 필요에 의해 제품을 사보고 반품도 해보고 고객 담당자와도 고객으로서 이야기 나눠봐야 한다. 그럼 진정한 고객의 목소리를 낼 수 있다. 단순 흉내나 관찰은 의미가 없다. 구경꾼이 아니라 직접 고객이 되어라.

맬 깁슨 주연의 영화 「왓 위민 원트」에는 여성의 심리를 파악하기 위해 매니큐어를 바르고 팬티스타킹을 신는 마케팅 기획자

닉(멜 깁슨)이 주인공으로 등장한다. 평소 마초적이고 다분히 남성 우월적 성격을 가진 남자 주인공 닉은 하루아침에 경쟁사의 여성 기획자 달시(헬렌 헌트)가 회사에 직속 상관으로 들어오며 자리를 위협받는다. '앉아서 오줌 누는 여자를 보스로 모시라니, 오 신이시여!' 평소 한 번도 안 입어본 스타킹은 신는다고 여성의 심리를 다 알 수는 없겠지만, 남성 입장에서 여성들이 느끼는 불편함을 조금이라도 이해할 수 있을 것이다.

비슷한 영화는 얼마든지 있다. 우리나라 영화(원작이 일본이다!) 「아빠는 딸」에서는 하루아침에 아빠(윤제문)와 딸(정소민)의 몸이 서로 뒤바뀌면서 평소 부녀간 입장을 얼마나 모르고 살았는지 새삼 깨닫는다. 마케팅 기획자인 아빠 상태는 10대 여학생을 겨냥한 틴트의 출시를 앞두고 있었는데, 10대의 심리를 전혀 파악하지 못한 아빠의 뜬구름 잡는 기획은 딸 도연의 입장에서 황당함 그 자체였다. 어쩌면 47살의 중년 남성이 파릇파릇한 10대 여학생의 구매 동기를 이해한다는 것이 애초에 불가능할지 모르겠다. 상대가 되어보지 않고서는 상대를 진정 이해할 수 없는 법. 이토록 적지 않은 영화에서 전혀 다른 구매층의 니즈를 파악하지 못하는 마케터를 주인공으로 등장시키는 데에는 다 그만한 이유가 있다.

3) 문제 해결을 넘어 삶의 개선으로 생각을 확장하라

문제 해결에만 초점을 맞추는 일도 어려운 일이다. 하지만 이 일에만 초점을 맞추는 경우, 고객의 관심사가 바뀌거나 문제가 해결되는 경우, 브랜드의 생명력은 소멸된다. 그래서 더 큰 이야기를 해야 할 시점이 도래하게 된다. 바로 그 고객의 삶 전반에 대한 이야기다.

다시 달리기 이야기를 꺼내보자(내가 좀 집요한 편이다!). 달리기의 불편함을 해결하는 과정에서 우리의 주요 고객이 30대 남성 직장인이란 사실을 알게 되었다. 그럼 그들이 달리기를 하는 이유가 뭘까? 건강의 적신호가 들어와 미리 건강 관리를 하기 위해서 일 것이다. 아니면 직장에서 받는 스트레스를 해소하고자 달리기를 하는 경우도 있을 것이다. 아니면 더 멋진 남성으로 보이기 위한 자기 관리일 수도 있겠다. 그럼 우리 브랜드의 존재의 이유를 그들의 삶의 개선을 목적으로 한다면 달리기를 하는 이유 모두를 도와주는 것이 어떨까? 그들이 더 멋진 남성이 되기 위해 우리 브랜드가 도울 수 있는 일, 더 건강한 육체를 갖기 위해 우리 브랜드가 도울 수 있는 일, 직장 내 스트레스를 날리기 위해 우리 브랜드가 도울 수 있는 일, 이런 방식으로 생각의 꼬리를 물다보면, 당신의 서비스와는 조금 먼 콘텐츠가 나올 수 있어도 당신의 고객은 세상에서 두 번 다시 보지 못할 공감할만한 콘텐츠라 생각할 것이다.

혹시 아직도 콘텐츠를 제작하며 미적인 개인 취향을 가지고 일을 위한 일을 하고 있는가? 아직도 기가 막힌 카피거리를 찾아 산기슭을 어슬렁거리는 하이에나 놀이를 하고 있는가? 그만둬라. 핵심은 고객의 입장이 되어 그의 불편을 경험하고, 이를 나눌 수 있는 내러티브로 콘텐츠를 제작하는 것이다. 스토리텔링에 대해서는 뒤에서 다시 언급하겠다. 우선 위에서 언급한 세 가지부터 하라. 그럼 당신은 주변에서 정말 크리에이티브하다는 말을 듣게 될 것이다.

전환
효율성을
높여라

남을 설득하기 위해서는 지성보다는
이익에 호소해야 한다.

벤자민 프랭클린

마케터라면 자신이 몸담은 기업과 조직의 이윤과 성장을 기획에 최우선으로 삼는다. 당연한 말이다. 특히 유의미한 리드를 만들어야 하는 위치에 있는 입장에서 가장 중요한 지표는 전환율conversion rate이다. 최근에 다양한 툴을 활용해 전환율을 확인하는 것이 어렵지 않게 되면서 더욱 이 지표에 예민해졌다. 그런데 의외로 전환율을 잘못 이해하는 마케터들이 적지 않다. 전환율은 무엇일까? 그럴싸하게 포장된 전문 용어처럼 보이지만, 사실 전환율은 '설득'이란 간단한 키워드를 다르게 표현한 것에 불과하다. '으잉, 전환율이 설득이라고?'

그렇다. 소비자가 전환까지 과는 과정을 보면 그렇다. '소비자들은 어떠한 과정을 거쳐서 제품을 구매할까?' 이 질문은 많은 마케터들의 영원한 숙제이기도 하다. 이를 설명하는 전통적인 마케팅 모델이 바로 마케팅 깔때기marketing funnel이다(마치 캐리비안베이에 있는 메가스톰을 닮았다!). 마케팅 깔때기의 순서는 보통 제품에 대한 인지→구매의 고려→직접적 구매(전환)→제품에 대한 충성도→제품의 지지와 동조로 나아간다. 마케팅 깔때기를 통해 우리는 마케팅의 효과를 정량화할 수 있다. 우선 온라인 광고를 통해 창출될 수 있는 임프레션impression의 수, 임프레션을 통해 얻어지는 잠재 고객의 수, 잠재 고객 중에서 실제 판매로까지 이어

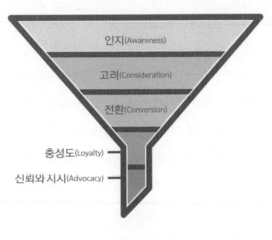

구매가 콸콸 쏟아지는 깔때기

지는 수, 고객이 실제 일으키는 최종 매출까지 예측할 수 있다. 매출로 연결된 마케팅은 과연 어느 정도 효과가 있었는지 파악하는 것이 기업에게는 매우 중요하다. 이 숫자를 파악하는 것이 바로 마케팅 깔때기의 목적이기도 하다.

여기서 제일 중요한 단계는 고려 단계에서 직접 구매가 이루어지는 전환 단계로 넘어가는 부분이다. 결국 관망자 중에서 극히 일부만이 마케팅 깔때기를 통과할 뿐이다. 한 번 용케 구매 깔때기를 통과한 고객이라도 그 중에서 제품에 충성스런 소비자로 남는 것은 더 어렵다. 그리고 자신이 구매한 제품이 좋다고 떠벌리고 다니는 충성고객이 되는 것은 더더욱 어렵다. 기업의 마케팅 활동이 고객에게 미치는 영향력도 단계를 거치면서 점차 약해질 수밖에 없기 때문이다. 남은 것은 기업이 어떤 부분에 더 집중해서 마케팅을 할 것인가 하는 문제이다.

사용자가 서비스 목적에 부합한 행동을 하느냐 안하느냐를 두고 마케터들은 전환이 되었다 혹 그렇지 않다로 표현하니, 전환율은 어떻게 하면 잠재 고객이 더 행동하게 만들지를 고민하는 설득에 대한 이야기인 것이다. 다양한 설득 관련 서적을 읽어보면 설득 전략은 정말 다양하다. 그 중에서도 역시나 고전을 안 따를 수 없는데, 아마 최신의 설득 전략은 모두 이것을 기초로 나온 것이 아닐까 싶다.

그 고전 설득 전략 여섯 가지를 먼저 말해보겠다.

---

1. 먼저 주기: 고객이 원하는 것을 작은 단위로 먼저 주기

2. 개입시키기: 결국 나중의 줄 것과 연관된 것을 먼저 주기

3. 한정짓기: 먼저 주는 것을 퍼주지 않고 한정된 수량만 주기

4. 사회적 준거: 고객과 유사한 이들의 추천, 신뢰 행동

5. 전문가 의견: 해당 분야 전문가들의 추천

6. 공통의 문제 해결: 고객의 추가적인 문제 해결을 위한 노력

자, 이것을 최신의 디지털 마케팅에 어떻게 적용할 수 있을까?

1) 먼저 주기

디지털 콘텐츠는 한계비용이 제로에 가깝기 때문에 무엇이든 먼저 주는 것은 크게 비용이 들지 않을 것이다. 더욱이 제품 사용 후기는 단순 텍스트나 이미지를 넘어 영상으로까지 확장 가능하므로 상품이나 서비스 사용 전, 실제 사용자의 사용 영상을 잠재 고객에게 전달함으로써 그가 원하는 경험을 먼저 줄 수 있다. 가령 e-book의 경우, 판매 사이트에서 대략 10페이지 분량을 미리 볼 수 있다. 교보문고나 예스24 같은 온라인 플랫폼 역시 미리보기 기능을 통해 실제 구매 전에도 책을 읽어볼 수 있도록 설계되

어 있다. 교육 플랫폼의 경우, 잠재 고객은 강사의 강의 첫 회 분량을 맛보기로 시청할 수 있다. 아무리 고가의 제품이나 자동차라도 유튜브를 통해 이미 그 제품을 사용하고 있는 느낌을 받을수 있다. 방법은 더 다양하지만 마케터 입장에서 다행히도 점점더 간단해지고 있다.

2) 개입시키기

이것은 앞서 먼저 주기와도 연결된다. 먼저 주되, 절대로 나중에 줄 것과 무관한 것을 줘서는 안 된다. 그럼 먼저 주기가 무색해진다. 주려면 제대로 줘야 한다. 위 e-book 사례처럼 결국 구매하고자 하는 것의 일부를 미리 경험시켜줘야 한다. 이것이 개입시키기의 핵심이다. 기술이 발달하면서 증강현실^{AR}이나 가상현실^{VR}을 통해 소비자는 간접적으로 구매 경험을 얻을 수 있게 된 것도 같은 맥락에서 이해할 수 있다. 최근 이케아 앱은 구매자가 가구를 살 경우 자신의 집에 이를 어떻게 배치할 수 있는지 증강현실로 보여주기까지 한다. 이런 경험은 설득력을 올려주는 유력한방법이다.

3) 한정짓기

이것은 아주 단순하다. 먼저 주는 행위는 항상 공급자 입장에서 먼저 하는 것이다. 달라고 해서 주는 것이 아니라 먼저 베푸는 것이다. 그래서 매번 먼저 줘야 하는 것인가라는 의문이 들 수도 있다. 절대 그렇지 않다. 먼저 주는 것도 전적으로 당신이 결정할 일이다. 모두에게 먼저 줄 필요는 없다. 선물이 남발되면 가치가 떨어진다. 호의도 반복되면 당연한 것으로 여긴다. 그래서 보통 미션을 부여하거나 단순 시간, 대상, 수량을 한정짓는 경우가 많다. 최근 온라인에서는 회원가입, 콘텐츠 공유, 이벤트 참여, 댓글, 포스팅 등으로 사용자에게 미션을 부여하고 먼저 주기를 실행하는 경우가 많다.

4) 사회적 준거

이는 가장 많이 사용되는 설득 전략이다. 바로 사용자와 유사한 이들의 경험을 공유하는 것이다. 그 중 가장 쉽게 접근 가능한 것은 후기이다. 후기도 구매 플랫폼에 남기는 것이 있고, 외부에 남기는 것이 있다. 단순 구매 후기냐, 아니면 블로그나 유튜브 등에 남기는 구체적인 사용 후기냐에 따라 달라질 수 있다. 최근에는 이를 전문적으로 하는 업체들도 생겨났다. 잠재 고객이 구매 전에 여러 경험을 하게 되는데, 이러한 콘텐츠는 구매에 아주 큰 도움이 된다. 대부분의 소비자들이 검색엔진이나 포털사이트에서 제품 정보를 검색하기 때문이다. 사회적 준거로는 다른 방법들이 많다. 상세 페이지뷰를 노출시키거나 이벤트 참여자 수를 알려줌으로써 '당신도 참여해야 합니다.'라는 메시지를 줄 수 있다. 사회적 준거 메시지의 핵심은 이것이다. '어라, 남들도 다 하네?!' 이 생각을 잠재 고객에게 심어줄 수 있다면 성공이다.

온라인 마케팅에서 자주 활용되는 전략이 포모^{FOMO}라고 알려진 소외공포증을 활용하는 것이다.(FOMO: Fear of Missing Out) 소비자들은 사회적 준거에 비추어 자신이 트렌드나 추세에서 소외되는 것에 두려움을 갖고 있다. TV 홈쇼핑에서 '매진 임박'이나 '한정 수량' 등의 문구로 소비자를 자극하는 것도 다 포모의 일종이다. 마케터는 이른바 넛지 전략을 이용하여 소비자들에게 사회적 준거를 소개하고 대세에 따를 것을 부추긴다.

5) 전문가 의견

전문가 의견은 위의 내용 중, 사용자와 유사한 이들의 경험이 아닌 전문가의 경험으로 대체할 수 있다. 과거의 전문가는 특정 분야의 학위를 가지고 있는 사람이었지만, 최근의 전문가는 소위 인플루언서나 유튜버, 각종 크리에이터로까지 확대되었다. 그런데 여기에서 핵심적인 것은 그들의 단순 추천이 아니다. 마치 체험단처럼 물건과 서비스를 무료로 제공 받아 자신의 얼굴과 같이 올려주는 단순 포스팅이라면 아무 소용없다. 오히려 그들을 제품

생산, 디자인, 판매에까지 동참시켜 함께 만들어가는 모습을 보여주는 것이 더 좋다. 그래야 그들의 진짜 영향력을 느끼고 사회적 준거로 이용할 수 있다. 소위 프로슈머prosumer 마케팅을 활용하는 것이다. 제품을 기획하고 R&D하고 생산하여 출시하는 모든 과정에 유력한 인플루언서나 파워블로거 같은 핵심 소비자층을 개입시켜라.

6) 공통 문제의 해결

이는 디지털 영역에서 이렇게 해석하면 편하다. '제품 관점'에서의 문제 해결이 아니라 '사용자 경험 관점'에서의 문제 해결이다. 가령 제품은 너무 좋지만 사이트 내에서 구매가 불편하다면, 고객은 그 좋은 제품을 사면서도 두 번 다시 해당 사이트에 들어올 엄두를 못 낼 것이다. 사이트 경험을 개선하면서 고객의 이용 편의를 늘리는 것, 이것이 공통 문제의 해결을 통해 전환율을 높이는 주된 방법이다.

배송이 불편하다면 배송 문제를 해결하고, 반품 과정이 불편하다면 이를 적극적으로 해결하는 것이다. 중요한 것은 이 모든 과정을 잠재 고객과 소통하는 것이다. 실제 해당 불편을 겪는 이라면 그 자리에서 고마움을 느낄 것이고, 그 과정을 바라보는 잠재 고객은 해당 브랜드에 대해서 아주 긍정적인 평가를 할 것이

다. '아, 이렇게까지 소비자와 호흡하는 걸 보니 이 브랜드는 정말 정직하구나.'

결국 전환율을 높이는 것은 설득이다. 어떻게 한 명이라도 더 설득할 것인가에 대한 이야기다. 결국 사람의 마음을 얻는 것이 니 그 부분에 대해 더 초점을 맞추고 생각해보자. 소비자 심리학이나 행동심리학 같은 분야의 책들을 꾸준히 읽는 것도 좋고, 구매 심리와 관련된 다큐멘터리나 연구 자료를 따로 정리하는 것도 바람직하다. 평소의 관찰을 통해 왜 사람들이 세탁기에서 빨래를 꺼내며 눈으로 때가 잘 빠졌는지를 살펴보기보다는 코로 냄새부터 맡을까를 고민하는 마케터라면, 세탁세제의 전환율을 높이는 설득력 있는 이야기를 어떻게 구성할지 아마 대번에 감을 잡을 것이다.

고객
소문으로
효율을 높여라

사업의 수익은 당신의 제품과
서비스가 좋다고 입소문을 내고
친구들에게도 당신의 제품과 서비스를
추천하는 충성고객에게서 나온다.
윌리엄 에드워드 데밍

국내에도 잘 알려진 『마케터는 새빨간 거짓말쟁이』의 작가이자 세계적인 마케터 구루인 세스 고딘Seth Godin은 이렇게 말했다. "사람들은 당신이 그들에게 하는 말을 믿지 않는다. 당신이 그들에게 보여주는 것도 좀처럼 믿지 않는다. 그들은 종종 자신의 친구들이 하는 말을 믿는다." 입소문의 위력을 두고 한 말이다. 고객의 입소문은 마케팅에서 필수적인 요소이다. 입소문 없이 마케팅은 불가능하다.

많은 사람이 입소문 마케팅을 현대의 판매 기법이라고 착각하지만, 사실 입소문처럼 오래된 매체도 따로 없다. 백제 서동薯童은 동네 코흘리개 아이들에게 사심 가득한 노래를 퍼뜨려 신라의 선화공주와 결혼할 수 있었다. "선화공주님은 남몰래 사귀어 두고 서동방을 밤에 몰래 안고 간다." 요즘으로 따지면, 100% 미투에 걸릴 법한 저속한 소문을 저잣거리에 고의로 흘려 여론을 몰아간 것. 발 없는 말이 천 리를 가고 나쁜 말은 만 리를 간다. 입소문은 하루아침에 없던 전쟁을 일으키기도 하고 초라한 상품을 명품으로 둔갑시키기도 한다. 그래서 일본의 사회학자인 마츠다 미사松田美佐는 자신의 책 『소문의 시대』에서 입소문을 가장 오래된 미디어로 규정한다.

고전적인 입소문word of mouth에서부터 전자 구전e-WOM에 이르기까지 오늘날 진정 구전 마케팅, 버즈 마케팅의 시대가 도래했다. 어찌 보면 긍정의 입소문을 만들어 내기 위해서 마케팅을 하는 것이라고 볼 수 있다. 서비스에 대한 긍정적인 입소문은 적은 비용으로도 강력한 성장에 대한 동기가 되며, 이미 할 수 있는 마케팅 활동의 효율성을 극적으로 증가시켜 주기도 한다. 당신은 마케터로서 어떻게 고객의 입소문을 만들고 있으며 어떻게 이를 성장에 활용하고 있는가?

1) 꼭 후기일 필요는 없다

문제를 적극적으로 해결하고 싶은 얼리 스테이지early stage 고객과의 소통을 즐겨라. 흔한 입소문의 방식으로 가장 쉽게 선택하는 것이 고객의 구매 혹은 사용 후기이다. 그런데 이것이 쉬운 방법일 수도 있지만 이제 막 시작한 브랜드는 이 후기마저도 얻기가 쉽지 않다. 그래서 후기 역할을 대신할 수 있는 것이 필요하다. 최근에 이것을 대체하면서도 브랜드의 진정성을 담아내는 콘텐츠가 바로 개발기開發記이다. 브랜드가 고객의 어려움을 해결하는 과정을 기록하고 이를 이미 동일한 어려움을 겪는 고객들과의 소통하면서 그들과의 소통 결과물도 지속적으로 기록하는 것이다. 상업영화로 따지자면 메이킹 필름쯤 될 것이다. 이런 내용을 잠재 고객이 서비스에 접근할 때 충분히 관찰할 수 있도록 하면 꼭 고객의 사용 후기가 없더라도 서비스에 대한 잠재 고객(초기 사용 고객)의 브랜드에 대한 평가, 사용 경험에 대한 이야기가 다른 잠재 고객의 구매 과정에 도움이 될 것이다.

2) 소통의 결과물은 누구든지 관찰할 수 있어야 한다

이렇게 쌓은 소통의 결과물은 언제든지 내외부 이해관계자 및 서비스를 사용하고자 하는 잠재 고객이 접근할 수 있어야 한다. 고객의 문제를 해결하는 과정의 결과물들은 글이나 영상으로 콘텐츠화 되며, 이는 브랜드가 운영하는 유튜브, 페이스북, 블로그 등의 오운드 미디어owned media에 꾸준히 게시된다. 뿐만 아니라 제품이나 서비스를 소개하는 페이지에도 소통의 결과물을 업데이트하고 꾸준히 관리해줌으로써 지속적인 고객 관계 관리도 업데이트 할 수 있다. 이런 활동은 특별한 전략이 아니다. 이미 우린 이런 것을 어렸을 때부터 해왔다. 바로, 일기다. 방학만 되면 밀려 쓰는 것이 일기라면, 그만큼이나 마케팅도 어려워진다. 왜 '일기를 쓰다'가 keep a diary인지 아는가? 그만큼 지속적으로 써야한다는 뜻이다. 당신의 활동을 꾸준히 기록해라. 그리고 주변의 지인들과 당신이 하는 일에 관심을 가질만한 사람들과 공유하라.

3) 당신의 스토리는 누군가의 소셜 화폐가 될 수 있다

가끔 소셜 모임을 나가보면 업계의 이슈가 대화 주제의 대부분을 차지한다. 마케팅 일을 하다 보니 마케터와의 만남이나 기업 대표와의 미팅이 잦은 편인데, 이때 업계의 트렌드나 특정 회사의 이슈가 대화의 주요 소재가 된다. 사람들은 보통 안 좋은 이슈보다는 긍정적 이슈를 공유하기를 원한다. 이때 대화의 소재에 반드시 필요한 것이 스토리이다. 단순한 광고는 스토리가 될 수 없다. 파격적인 프로모션도 스토리가 될 수 없다. 스토리는 과정과 맥락이 있어야 한다. 그리고 성공의 과정에서 악당(어려움)도 있어야 한다. 빌런villain이 없는 히어로hero는 없다. 그리고 모두의 염원도 필요하다. 즉 당신이 꾸준히 소통한 당신의 일기에는 시간이 쌓은 맥락이 있고, 그 과정 속에서 어려움과 염원도 함께 담겨 있다.

스토리는 마케터의 중요한 자산이다. 훌륭한 내러티브가 갖는 위력은 아무리 강조해도 지나치지 않다. 마케터라면 모두 스토리텔러가 되어야 한다. 스토리텔링에 소질이 없는 마케터는 성공하기 힘들다. 격언이 은메달이라면, 스토리는 금메달이다. 시나리오 작가인 로버트 맥키Robert McKee는 스토리텔링에 대해 이렇게 말했다. "스토리텔링은 아이디어를 세상에 내놓는 가장 강력한 방법이다." 진정 잘 짜인 이야기 하나가 소비자의 마음을 온통 뒤

"옛날 옛적에 바보 이반이라는…"
스토리텔링은 사람들을 끌어당기는 마력이 있다.

흔들 수 있다. 감동적인 당신의 이야기를 누군가는 시키지 않았는데도 열심히 퍼다 나를 것이다.

4) 단 솔직한 이야기여야 한다

당신의 이야기에 사람들은 울고 웃는다. 그렇다고 그들이 퍼다 나르기 좋아할 이야기를 애써 만들려고 할 필요는 없다. 스토리의 생명은 진정성에 있기 때문이다. 아무리 흥미진진해도 사실이 아닌 이야기에 사람들은 감동하지 않는다. 픽션에서도 사람들이 감동할 수 있지만, 논픽션에서 사람들은 눈물을 흘린다. MSG를 많이 첨가한 스토리는 방향성을 상실하고 누군가의 입맛에 맞는 그렇고 그런 이야기로 전락한다. 특정 독자를 의식하거나 목적을 가지고 쓴 스토리는 구미에 맞는 이야기만 늘어놓다가 이도 저도 아닌 싱거운 스토리로 끝난다. 이건 당신의 이야기를 기록한다는 관점과도 어긋난다.

그러니 당신은 당신의 성장 이야기를 누구나 잘 볼 수 있는 곳에 꾸준히 기록하라. 누군가는 그 이야기를 밖으로 전달하게 될 것이다. 당신의 이야기는 발이 달린 말이 되어 저절로 사방에 퍼질 것이다. 당신의 이야기는 마법의 양탄자를 타고 소비자를 찾아 수 마일을 날아갈 것이다. 마케터라면 무엇보다 스토리 자산에 관심을 가져라. 곱하기의 가장 중요한 원칙이다.

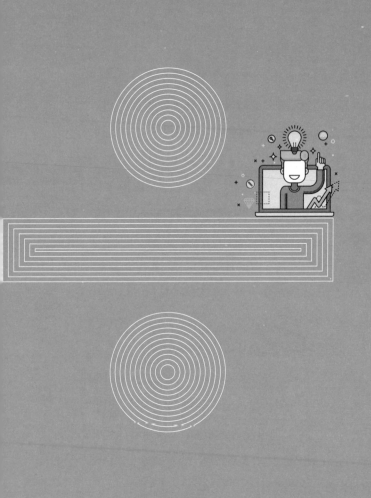

4
PART

나누기
除
divide

인생을
더 길게 보며
'지금' 나누라

두려움은 혼자 간직하되, 영감은 다른 사람들과 나누라.

로버트 루이스 스티븐슨

앞서 말한 빼기, 더하기, 곱하기가 마케터라는 직무 안에서의 성장 방법을 고민한 결과라면, 이제부터 말할 나누기는 어쩌면 마케터 이전에 한 사람으로서의 성장을 이야기하는 것일지 모르겠다. 성장은 자신에 대한 자타의 인정과 만족에서 느끼게 된다. 그런데 이는 꼭 당신이 무엇을 꾸준히 더하거나 물리적인 성장이 아니더라도 지금 바로 당신의 능력을 증명해 보이는 과정 속에서 얻을 수 있다. 그것은 바로 '봉사'이다. 성장통을 겪어본 마케터라면 봉사의 의미를 알 것이다.

보통 봉사 이야기를 하면 '언젠가'라는 수식어가 늘 붙게 된다. 지금 당장 할 수 있는 것이 아니라 자신이 준비가 될 때 할 수 있는 미래의 것이라 여긴다. '언젠가 하겠지.' '내가 좀 더 준비되면 해야지.' '나도 먹고 살기 힘든데 봉사는 무슨.' 이런 태도와 마음가짐은 봉사를 어려운 것으로 여기게 만든다. 또한 봉사는 대단한 사람들, 특별할 사람들만 하는 것으로 짐작한다. '나 같은 평범한 사람에게 봉사라니.' 아무것도 아닌 내가 왠지 성공자 코스프레를 하는 것 같아 봉사는 언감생심 꿈도 꾸지 않는다.

사실 봉사는 거창한 것이 아니다. 간단한 지식 나눔으로부터 시작할 수도 있고, TV에 나오는 정기후원 프로그램에 단 1만 원을 후원할 수도 있다. 꼭 정기적일 필요도 없다. 정기적인 것이 강제되면 결국 시작하기 어렵다. 봉사는 지나가다 편의점에 들려 필요한 물품을 사듯 생각날 때 가볍게 할 수 있는 것이어야 한다. 그렇게 지금 당장, 쉽게 할 수 있는 것이 봉사라고 느껴져야 한다. 자신이 누군가를 당장, 쉽게 도와줄 수 있다는 것을 깨닫는 순간, 자신에 대한 인정과 만족이 생긴다.

봉사奉仕는 한자로 받들고 섬긴다는 의미를 갖는다. 영어로 봉사는 서비스service인데, '섬기다serve'라는 동사에서 온 단어이다. 우리나라에서 서비스는 사소한 경품이나 쥐어주는 것, 혹은 제품이 고장 났을 때 단순히 고쳐주는 것 정도로 인식되어 있지만, 본래 이 단어는 신을 극진히 섬기는 사람의 행위를 가리키는 말이었다. 그래서 '종'이나 '하인'을 뜻하는 서번트servant 역시 이 단어에서 파생되었다. 나라와 국민을 위해 공적 임무를 수행하는 공무원도 일종의 서번트public servant이다. 한 나라의 건강한 남자라면 반드시 완수해야 할 군역의 의무 역시 서비스military service이다.

혹자는 "경쟁사회에서 내 몸 하나 보전하기도 힘든데 무슨 봉사 타령이냐?" 되물을 수 있을 것이다. "차라리 내가 봉사를 받아야 할 입장인데 남을 도울 형편이 되나?" 하지만 봉사는 남을 돕기 위함이 아니라 나 자신을 성장시키기 위함이다. 이윤만을 추구하는 마케터의 일이 그 숭고한 의미를 잃지 않고 지속되려면 내 퍼포먼스가 이웃과 동료, 나아가 공동체와 사회에 이익을 주고 있다는 확신이 필요하다. 마케터의 봉사는 잃어버린 나를 찾아가는 첫 번째 여정인 셈이다. 마하트마 간디는 이렇게 말했다. "자신을 발견할 수 있는find yourself 최선의 길은 남에게 봉사하면서 스스로를 잃는 것lose yourself이다."

1) 봉사는 멈춤이다

성장은 여러 방식으로 이룰 수 있다. 현재보다 더 나은 퍼포먼스를 내는 것만이 성장이라 불리지 않는다. 승진과 봉급 인상, 프로젝트의 성공과 목표의 성취만이 스스로를 평가할 수 있는 유일한 기준이 아니다. 마음의 여유가 생기고 만족이 생기는 것도 퍼포먼스의 성장만큼이나 큰 성장이다. 오히려 마음의 성장이 모든 것보다 더 앞서야 된다. 정신없이 결승선만 보고 내달리는 경주마보다 친구와 천천히 주변 경치를 만끽하는 역마차가 매력적이다. 내가 좋아하는 맥 데이비스^{Mac Davis}의 컨트리송 중에 다음과 같은 가사가 나온다.

네가 잠시 멈춰 길가에 핀 장미 향기를 맡지 않는다면 천국으로 가는 길이 험하고 거친 돌밭이라는 사실을 발견하게 될 거야.

You're gonna find your way to heaven is a rough and rocky road if you don't stop and smell the roses along the way.

성공가도는 가파르다. 목표가 코앞이다. 주마가편^{走馬加鞭}, 기백 넘치는 구호와 사정없이 휘두르는 채찍질에 숨이 턱밑까지 차오르지만, 나 자신에게, 가족에게, 동료에게 잠깐의 눈길을 주는 순간, 경쟁자의 말이 나를 획~하고 추월할 것만 같다. 하지만 잠시 달리는 차를 멈춰 길가에 핀 장미 한 송이에 코를 갖다 대는 여유를 즐기지 못한다면, 과중한 업무에 치이다가 결국 번아웃되고 말 것이다. 악셀을 밟는 발과 브레이크를 밟는 발은 똑같이 오른발이다. 악셀과 브레이크를 동시에 밟을 수 없는 법이다. 다른 일도 그렇겠지만, 마케터의 일은 남과 경쟁하는 레이스^{race}가 아니라 스스로 조절해야 하는 페이스^{pace}이다. 변속기를 D에 두어도 신호등에 멈춰서면 차도 일시 엔진이 정지한다. 그런 멈춤의 미학을 가르쳐주는 것이 바로 봉사이다.

2) 봉사는 꾸준함이다

봉사는 성공과 닮았다. 그래서 모름지기 성공처럼 봉사도 일관되고 꾸준해야 한다. 한 분야에서 대가를 이룬 사람들은 꾸준하게 봉사에 정진하는 모습을 보여준다. TV에 등장하는 달인들을 보라. 손에 계량기라도 달린 것처럼 척척 30g씩 밥알을 쥐어내는 초밥의 달인에게 "어떤 비결이 있느냐?"고 물으면 멋쩍게 웃으며 한결같이 답한다. "잘 모르겠어요. 그냥 매일 꾸준히 하다 보니 어느새 이렇게 되었네요." 그는 매주 동네 독거노인들을 위해 남몰래 수십 개의 초밥 도시락을 돌린다. 바늘귀를 통과할 정도로 섬세한 면발을 뽑아내는 중식 수타면의 대가는 한 달에 한 번 식당 영업을 멈추고 고아원에서 짜장면 봉사를 한다. 결식아동을 위해 벌써 수년 동안 남몰래 반찬 봉사를 하는 교회 집사님도 있다. 그는 수백 명의 직원을 거느린 무역회사를 운영하고 있지만, 바쁜 시간을 쪼개 직접 반찬 돌리는 일을 계속 진행하고 있다.

꾸준한 나눔은 뫼비우스 띠와 같다. 성장을 통해 나눔의 여유가 생기고, 그 나눔은 다시 새로운 성장과 맞물리는 구조, 그래

**우로보로스의 원형은
나눔의 선순환을 연상시킨다**

서 어디가 처음이고 어디가 끝인지 알 수 없는 무한 루프처럼 끊임없이 순환한다. 그래서 수학에서 이 기호(∞)를 무한대로 표현한 것은 바로 그 이유 때문이다. 또한 나눔은 그리스 신화에 등장하는, 자신의 꼬리를 물고 있는 뱀 우로보로스와 같다. 시종始終이 이어진 우로보로스는 무한한 순환을 의미하여 원형이기 때문에 완전하다. 이처럼 지속가능한 나눔은 한 차례 기부로 그치지 않고 꼬리에 꼬리를 물고 이어진다. 우로보로스의 원형은 나눔의 선순환을 연상시킨다.

3) 봉사는 작은 것부터 실천하는 것이다

우리에게 봉사는 생각보다 거창하게 느껴진다. 봉사라고 하면 머리에 떠오르는 정형화된 이미지들이 있기 때문이다. 달동네에서 연탄을 나른다던지, 아프리카에서 기아들을 돕는다던지, 복지원에서 몸이 불편한 장애우들을 씻겨준다던지 말이다. 하지만 내가 말하는 봉사는 이렇게 대단한 것을 의미하는 것이 아니다. 차라리 봉사라는 말을 '돕기'로 바꾸는 건 어떨까 싶다. 돕기로 바꾸면 기존의 형식적인 이미지보다 봉사가 좀 더 가벼운 행동으로 전환될 수 있다.

친구의 고민을 들어주거나 동료의 고충을 해결해 주는 것도 나눔이 된다. 분명 평소에 생각했던 봉사와는 거리가 먼 것들이다. 더 예를 들어 볼까? 오랫동안 보지 못했던 친구에게 연락을 하거나 홀로 장보기가 어려우신 어머니와 마트에 같이 가는 것, 산수가 어려운 어린 조카의 공부를 도와주는 것, 독박 육아로 힘들어하는 아내를 위해 설거지와 빨래를 해주는 것도 모두 돕기, 그러니까 일상의 봉사에 해당한다. 도움의 손길이 필요한 누군가를 돕는 일, 그 과정에서 나 스스로의 필요성을 깨닫는 일이 봉사이다.

우리는 '자수성가' 신화에 매몰되어 있다. 매스컴은 앞 다투어 맨손으로 거대한 기업을 일군 한 인물의 화려한 성공 신화를 생산해낸다. 그 신화는 다시 여러 매체를 타고 영웅전처럼 확대 재

생산된다. 하지만 그 어떤 성취도 혼자 이룩한 것일 수 없다. 누군가의 도움을 받아야 하며 누군가의 지지를 얻어야 한다.

4) 봉사는 지금 하는 것이다

1992년 11월, 신해철, 서태지와 아이들, 신승훈 등 당대 최고의 가수들이 모여 환경 운동에 대한 대중들의 관심을 유도하기 위해 「내일은 늦으리」라는 슈퍼콘서트를 개최했다. 각자의 바쁜 스케줄을 잠시 미루고 가수들이 기꺼이 재능 기부를 하기로 의기투합한 데에는 사회와 환경을 위한 대의명분과 봉사 정신이 있었기 때문에 가능했다. 봉사에 있어 내일은 없다. 지금 당장 하는 것이 나눔이다. 미래의 막연한 시점으로 미뤄진 봉사는 결코 다가오지 않는다.

나눔은 지금 당장 할 수 있는 활동이다. 가장 작은 것들부터 조금씩 나누어 보자. 실제로 지금 당장 할 수 있는 것들을 찾으면 꽤 많은 일이다. 봉사하라. 이것이 당신의 커리어를 더 탄탄하게 만드는 아주 효과적인 방법이다. 동시에 당신의 삶을 풍요롭게 만드는 지혜로운 방법이 될 것이다. 지금 나눠야 하는 이유가 바로 여기 있다. 지금 당장 누군가를 도와줌으로써 내 자신을 인정하고 스스로 만족하자. 이 경험이 마케터로서 성장의 밑거름이 될 것이다.

chapter
23

자신의
노하우를
나누라

네 지식을 나누어라.
그것이 불멸성을 이루는 길이다.
달라이 라마

이제 구체적으로 내가 했던 나눔의 방식을 소개하겠다. 마케터의 나눔은 흔히 지식 나눔으로 시작될 수 있다. 꼭 육체적인 노동이 아니더라도 자신이 업무에서 익힌 노하우를 지인이나 자신과 같은 마케터를 꿈꾸는 이들에게 쉽게 나눌 수 있다. 처음부터 거창할 필요도 없다. 매일 조금씩 내가 쌓은 지식들을 공유하면 된다. 사실 이런 노하우를 나누는 일은 결국 자신에게 큰 이익으로 돌아올 가능성이 크다.

난 마케터로서 독립하기 전에 이미 알고 있는 마케팅 지식들을 개인적으로 운영하던 블로그에 주기적으로 올리고 페이스북에 공유했다. 물론 아무런 대가 없이 벌인 일이다. 지식 나눔을 통해 다른 마케터들과 자연스러운 교류를 만들어냈다. 시간이 지나면서 누적된 블로그의 글들을 편집하여 마치 한 권의 책처럼 PDF파일로 정리한 뒤, 모 프리랜서 플랫폼에서 적은 금액을 받고 판매해보기도 했다(무료로 하면 자칫 가치가 없어 보이기 때문에 최소한의 제작비로 만 원을 받았다!). 물론 블로그에 남아있는 글은 누구나 들어와 볼 수 있도록 무료로 열어 놓았기 때문에 굳이 책자를 사보지 않아도 되었다. 책은 히트를 쳤다. 생각보다 호응이 좋아 금세 완판을 기록했다.

신기한 것은 이런 단순한 지식 나눔이 그 누구보다 나에게 더 도움이 되었다는 점이다. 예전과는 다르게 온라인상에서 공유 기능이 활성화되며 내 글은 순식간에 많은 마케터들에게 퍼져 나갔다. 나눔을 목적으로 하진 않았지만 공유가 저절로 되니 나눔을 더 잘 하고 싶다는 욕심이 생겼고, 공감을 표현해주는 이들에게 뭔가 보답하고 싶어졌다. 나는 내 글을 퍼다 나르는 사람들의 니즈를 반영해 글을 더 다듬어 나가기 시작했다. 흥미로운 글을 쓰기 위해 별도로 공부도 시작하고 서가를 뒤지며 자료도 수집했다. 이런 선순환 과정은 결국 내 분야에 더 큰 흥미와 관심을 갖게 만들었고, 내 콘텐츠 품질을 향상하는데 많은 도움을 주었다. 앞서 말했던 우로보로스 선순환이 일어났다. 꼬리는 머리가 되고 머리는 꼬리가 되었다. 품질 향상은 다시 많은 구독자를 얻게 하는 원동력이 되었다.

이런 고품질 콘텐츠의 축적은 결국 '마케팅 의뢰'라는 새로운 비즈니스 기회를 만들어내기 시작했다. 뜻밖이었다. 전혀 모르는 곳에서 사업 제안이 들어왔고, 콘텐츠를 통해 사람과 사람이 연결되면서 더 많은 기회들이 생겨났다. 더 나아가 여러 마케터들과 지식을 나누고 공개적으로 강의 의뢰도 받기 시작했다. 나눔은 요술램프 속에 사는 지니 같았다. 나는 그냥 내 지식을 조금이라도 나누고 싶어서 시작한 일인데, 이 나눔이 블로그 마케팅처럼 작동하면서 내 사업에 동력이 되었다. 이 모든 순간들이 내겐 아직도 머릿속에 강렬하게 남아있다. 이 일의 시작은 지식 나눔, 더 들어가 보면 내 지식을 기록하는 데에서 출발했다.

사실 우리나라말로 나눔은 디바이드divide와 셰어share의 뜻을 함께 가지고 있다. 디바이드는 10÷2=5처럼 10개를 2로 나누면 5가 되는 과정, 무언가를 쪼개어 작게 만든다는 의미를 갖는다. 반면 셰어는 내 것을 남과 함께 공유하고 나누어 같이 쓴다는 뜻이다. 디바이드는 나누면 내 것이 줄어들지만, 셰어는 내 것이 줄어들지 않는다. 영어로 디바이드와 셰어는 전혀 다른 의미를 갖고 있지만, 우리나라말로 나눔은 이 두 가지를 한데 묶어놓은 것이다. 나눔, 얼마나 멋진 말인가?

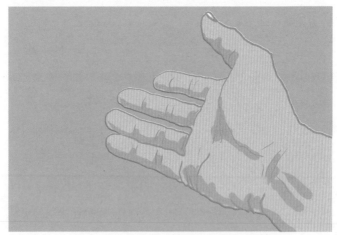

나눔은 사실 남이 아닌 나에게 더 도움이 되었다.

1) 작게 시작하라

노하우를 나누는 것이 목적이긴 하지만 그 목표 자체가 어렵다면, 목표를 작게 만들어 하루에 하나씩 내가 오늘 느낀 점을 기록하는 습관을 들여 보자. 한 장이 되어도 좋고, 한 단락 한 줄 심지어 키워드 몇 개여도 좋다. 줄기차게 끼적거려라. 글이 아니라면 그림도 좋고 업무 순서도도 좋다. 그리고 이를 쉽게 나눌 수 있는 플랫폼에 게시하라. 그럼 그 글을 필요로 하는 이들이 당신이 상상도 하지 못한 친구들과 장소에 당신의 글을 나르기 시작할 것이다.

기록은 가장 작게 시작할 수 있다. 엉성한 글도 좋고 종이 쪼가리에 쓱쓱 적어둔 메모도 좋다. '메모하다'라는 영단어 중에 좃다 운jot down이라는 말이 있다(발음이 좀 거시기하다!). 좃다운은 무언가 를 빠르게 적어두는 동작을 뜻하는데, 이 단어는 그리스어 알파 벳에서 가장 작은 모음인 이오타iota에서 파생되었다(자음 밑에 찍 는 모음으로 생긴 게 마치 점과 같다). 기록은 작은 점 하나를 찍는 것에 서 출발한다. 남이라는 글자에 점 하나를 지우면 님도 되고 님이 라는 글자에 점 하나만 찍으면 도로 남도 되는데, 마케터로서 그 간 쌓아온 내공을 점찍듯 끼적거리는 습관을 들이면 내가 쓴 글 을 본 남들을 모두 님(팬)들로 바꿀 수 있다.

2) 긍정적인 피드백을 얻어라

정보는 쉽게 나눌 수 있는 것이면서 동시에 남들과 공유하기 쉽지 않은 것이기도 하다. 나눔의 역설이다. 이유는 여러 가지가 있을 수 있다. 내가 나누고 싶은 정보가 얼마나 가치가 있는지 확 신이 부족한 경우도 있고, 정보에 대한 피드백이 나 자신에 대한 피드백으로 해석될까 봐 두려운 경우도 있다. 현실적으로 내 정 보를 섣불리 나누다 보면 남에게 칼자루를 쥐어주는 것은 아닌지 걱정이 되기도 한다. 이러한 고민들을 극복하는 쉬운 방법이 하 나 있다.

바로 해당 정보를 필요로 하는 사람들 중에서 초심자(비기너)만을 대상으로 해본다(마케터 어린이, '마린이'쯤 되려나?). 즉 내 정보 자체에 대해 무비판적으로 수용 가능한 이들을 대상으로 먼저 스파링(?)을 하는 것이다. 이유는 간단하다. 나눔을 실천하는 데에는 정보의 퀄리티보다 우선 자신감이 필요하기 때문이다. 예를 들어, 마린이라면 단순해 보이는 정보도 무비판적으로 수용할 것이다. 이후 어느 정도 스파링에 익숙해지면, 본격적으로 실전 링에 올라가 본다. 누군가 내 정보를 기다리고 있다는 생각만으로 가슴 짜릿할 것이다.

3) 나눔 커뮤니티를 만들어라

정보는 자본이다. 돈이 흐르는 곳에 시장이 형성되듯, 정보가 흐르는 곳에 자연스레 네트워크가 만들어진다. 그러면 나만 정보를 제공하는 것이 아니라 이 정보에 관심을 갖는 다른 사람들도 정보를 올리고 거기에 하나둘 코멘트가 달리면서 자생적으로 커뮤니티가 만들어지게 된다. 어느 정도 네트워크가 뭉쳐지면 정식으로 이니셔티브를 발휘해서 정보 나눔 커뮤니티를 구성해보는 것도 좋은 생각이다. 그럼, 자유롭게 토론과 정보 공유가 일어나면서 홀로 정보를 생산하고 질문에 답변하는 것보다 더 좋은 품질의 정보가 생산적으로 공유될 수 있다.

사람들이 모인 커뮤니티는 당연히 힘을 갖게 된다. 오늘날 디시인사이드나 보배드림, 뽐뿌 같은 사이트들도 모두 시작은 특정 취미나 주제와 관련해 작은 정보를 공유하는 커뮤니티였다. 작은 나눔의 실천은 곱하기만큼의 위력을 갖게 된다. 그리고 이 커뮤니티로 인해 운영자는 자연스럽게 해당 시장에서 주목받을 수 있는 위치에 서게 된다. 한 마디로 우로보로스 선순환이 일어난다.

선후배를
도와주라

네가 평소 아끼는 생각을 나누는 것은
너의 세상을 더 나은 방향으로 바꾸는 관대한 방법이다.

세스 고딘

"팀에서 승승장구할 수 있는 비결이 있을까요?"

가끔 이런 질문을 받을 때가 있다. 사내에서 빠르게 승진하거나 자기계발을 잘 할 수 있는 방법이 무엇인지 말이다. 다양한 답변을 줄 수 있을 것이다. "당신이 맡은 프로젝트가 최고의 결과물이 나와야겠죠. 업무가 끝난 뒤에도 일의 연장선으로 다양한 기술을 습득하기 위해 꾸준히 자기계발을 잊지 말아야겠죠."

뭐… 누구나 줄 수 있는 싱거운 답변이다. 사실 내 귀에는 '걍 열심히 해야 한다.'는 말로 밖에 들리지 않는다.

더 구체적인 방법은 없을까? 그리고 그런 노력을 하면서도 가장 중요한 사내 관계까지 챙길 순 없을까? 사실 자신의 성장을 바라는 과정에서 알게 모르게 사내 관계를 놓치는 경우가 많다. 내가 그랬다. 경쟁이라는 그럴싸한 현대주의 효율성 시스템으로 인해 예전의 나는 나의 성장만을 신경 썼지, 누군가를 케어하는 것까지 미처 생각하지 못했다. 나는 어려서 학교에서 경쟁의 탁월함을 배우며 자란 세대이다. 나는 경쟁competition에서 경쟁력 competence이 나온다고 배웠다. 자연스럽게 경쟁은 나를 성장시키고 팀의 효율성을 높이는 가장 효과적인 수단이라고 믿었다.

물론 모두가 이러지는 않을 것이다. 얼마 전에 읽었던 『경쟁의 배신』에서 마거릿 해퍼넌Margaret Heffernan은 경쟁의 암울한 드라마는 가정과 학교에서 시작된다고 일갈한다. 오늘날 승자독식의 과잉경쟁으로 인해 사회가 치르고 있는 막대한 정신적, 물리적 비용은 개인을 마비시키고 공동체를 흉측한 정글로 만들어버린다는 것이다. 심지어 경쟁이 낳은 혁신과 성과지상주의는 현대기업이 원하는 창의성과 혁신성 등 모든 가치를 고사시켜 버린다. 그녀는 이러한 기업 속에 만연한 경쟁의 대안으로 공유와 협력을 제시한다.

"경쟁이 어리석은 의식이라는 것만으로도 충분히 안 좋은 일이다. 경쟁이 중요한 문제의 해결을 위한 창조적인 사고를 방해한다는 것이야말로 경쟁의 가장 큰 피해 중 하나다. 경쟁적인 위치는 필연적으로 제한된 사고를 낳는다. 이것은 창의력을 위해 필요한 발산적 사고와는 정반대되는 것이다."(『경쟁의 배신(알에이치코리아)』, 537.)

그녀는 소위 '슈퍼협력자'가 미래를 이끌고 갈 것이라고 단언한다. 다원성에 기반하여 남들의 이야기에 귀를 기울이고, 경쟁하기 보다는 서로 유대관계를 맺으며, 상생을 위해 지식을 공유한다. 학교에서는 졸업과 함께 배움이 끝나버리는 것이 아니라 세상의 변화에 적응하고 그 변화와 함께 학습을 즐기고 사랑하는 분위기를 만들 수 있다. 경쟁이 유일한 룰인 게임과 스포츠에서조차 공정성과 도덕성, 지구력, 자제력, 공동체 의식이 강조될 수 있다.

어떻게 슈퍼협력자가 될 수 있을까? 그것은 생각보다 간단하다. '도와주기'이다. 사내 관계를 생각해야 하니, 여기서는 그 범위를 사내 선후배 '도와주기'로 정의하겠다. 하루 한 명 '사내 선후배 도와주기'를 실행하면, 자기계발, 프로젝트 성과 올리기, 사내 관계, 승진(?)까지 모두 챙길 수 있다. 거짓말 같은가? 오늘 당장 옆에 앉아 있는 김 대리를 잡고 물어봐라. "혹시 오늘 내가 도울 일이 있을까?"

선후배의 업무에 관심을 기울이고 도움을 자청하면 전체 회사의 업무 과정을 한 눈에 파악하기 용이하다. 도움을 주기 위해서는 우선 일에 관심이 요구되기 때문이다. 전체 일의 맥락을 파악하면, 한 사람 한 사람의 업무를 파악하는 것이 어렵지 않다. 간혹 도움을 주는 범위가 내가 잘 하는 분야가 아니라면 개인적으로 배울 수도 있다. 이런 학습은 누군가의 강요도 없고 순수하게 개인적인 동기로 학습하게 되는 선택의 문제이기에 속도도 매우 빠르다. 그리고 아주 작은 도움(바쁜 동료를 위해 네스프레소 캡슐 커피를 한 잔 내려주는 것만으로도)이라도 도움은 '도움'으로 기억된다. 이런 도움은 사내 관계를 플러스로 만든다.

요즘처럼 그 뜻이 변질된 때가 없었지만, 사실 '도우미'는 좋은 말이다. 조력자, 보조자, 지원군, 원조자 같은 단어들보다 그 의미가 보다 즉각적으로 느껴진다. 그런데 어찌된 영문인지 도우미는 우리 사회에서 돈을 받고 남의 밑에서 허드렛일이나 해주는 아랫사람에 대한 나쁜 표현으로 쓰이고 있다. 모두 갑의 위치에 서기를 원하고, 누구나 남을 부리는 존재가 되려다 보니 아무도 도우미가 되려고 하지 않기 때문이다. 도우미는 부끄러운 것이며 부족한 것이라고 치부해 버린다. 하지만 헬퍼helper의 존재가 얼마나 중요한지 우리는 그간 삶에서 뼈저리게 느끼지 않았는가? 위대한 성취, 의미 있는 여정, 역사적인 사명에는 언제나 주인공 옆에서 헬퍼를 자처한 도우미들이 있었다. 오디세우스에게는 아테나가 있었고, 길가메시에게는 우트나피시팀이 있었다. 세종대왕에게는 장영실이 있었고 이순신에게는 유성룡이 있었다. 돈키호테에게는 산초가 있었고, 백설공주에게는 일곱 난쟁이가 있었다. 영화 속 영웅들에도 조력자는 필요하다. 명탐정 셜록에게는 왓슨이 필요하고, 베트맨에게는 로빈이 필요하다. 하다못해 오른손잡이인 강백호가 슛을 쏘려 해도 왼손이 옆에서 거들어줘야 한다.

도우미가 되려는 마케터라면, 아래 질문들을 생각해보자.

---

1. 오늘 아침, 만난 선후배를 위해 5분 만에 내가 할 수 있는 일은 무엇일까?
2. 점심식사 후에 커피 한 잔 하며 "오늘 도울 일이 있을까?"라고 이야기하는 것은 어떨까?
3. 퇴근 전에 선후배에게 "오늘은 어땠어? 내일 내가 도울 일은 없을까?" 물어보는 것은 어떨까?

결국 이런 모든 것은 개인적인 관계로 남아 자산으로 유지된다. 당신은 지금 사내 정치를 하는 것이 아니기 때문이다. 그렇다고 꼭 목적을 위해 남을 도우라는 것이 아니다. 당신 삶의 자산을 구축해나가는 것이다. 당장 오늘부터 사내 선후배를 돕기 위한

당신만의 질문을 만들어보자.

　나누기는 대부분 돕기로 귀결된다. 돕고 나누는 일은 그 행위의 이해 관계자 모두를 풍요롭게 한다. 근데 이 나누기는 여러 분야에서 누구에게나 어떤 형태로든 할 수 있는 일이다. 그래서 최대한 내가 무엇을 도울 수 있는가에 집중해야 한다. 헌신, 돕기, 기여 등 모두 같은 맥락의 이야기다. 아까 질문을 다시 떠올려보자.

　"팀에서 승승장구할 수 있는 비결이 있을까요?"

　답은 간단하다. 돕는 사람이 되라.

에너지를
나누라

즐기는 사람이면 누구나 그것을 나누어야 한다.

행복은 쌍둥이로 태어났기 때문이다.

바이런 경

마케터로서 한 가지 프로젝트 혹은 다수의 프로젝트를 한 번에 진행하다보면 상당한 집중력을 오랜 시간 유지해야만 하는 경우가 많다. 이런 날이 오래 유지되면 매일같이 녹초가 되는 자신을 발견하기 마련이다. 일의 효율은 점점 떨어지고 업무에서 흥미와 재미를 느끼는 일도 줄어들게 된다. 그러다 어느 날, 갑자기 모든 것이 다 귀찮고 하기 싫어진다. 슬럼프가 찾아온 것이다. 누구에게나 슬럼프는 온다. 문제는 슬럼프를 어떻게 극복하느냐에 따라 도약할지 추락할지가 결정된다.

매너리즘은 슬럼프와 일란성쌍둥이이다. 그래서 슬럼프가 찾아오면 자신에게 더 잘 할 수 있음을 상기시켜주라고 조언하는 이들이 많다. 스스로 나태해진 모습을 인정하지 말고 더욱 채찍을 가하라는 것이다. 그 조언을 들은 마케터들은 다시 마음을 다잡고 성공 노하우를 찾기 위해 이리 뛰고 저리 뛴다. 그런데 흔히 우리가 알고 있는 이런 슬럼프 극복법은 오히려 스스로를 지치게 만들지 않던가? 슬럼프를 벗어나려고 하면 할수록 더 슬럼프에 집중하게 만든다. 어떻게 하면 극복할 수 있을지 머릿속에 온통 그 생각뿐이다. 그럼 그 생각의 덫에서 더 헤어 나올 수 없다. '코끼리를 생각하지 말라.'고 하면 더 코끼리 생각이 날 뿐이다. 이런 덫에 빠지면 행동은 없고 계속 생각만 한다. 아쉽게도 이 생각은 발전적이라기보다 슬럼프로 인해 생길 수 있는 걱정과 불안일 뿐이다.

조금 오래된 영화지만, 할리우드 영화 「더 팬」에는 호타준족 메이저리거인 바비 레이먼(웨슬리 스나입스)이 슬럼프에 빠지는 장면이 나온다. 어느 순간 배트에 공이 맞지 않으면서 타율이 1할대까지 추락하는 레이먼. 그 와중에 팀은 자신의 자리를 넘보는 경쟁자, 후안 프리모를 영입한다. 이에 위기의식을 느낀 그는 슬럼프를 벗어나려고 발버둥 치지만 마음이 급해서인지 공은 더 안 맞는다. 바비는 슬럼프의 원인을 자신 주변에서 찾기 시작한다. 바로 슬럼프가 자신의 백넘버를 가로챈 동료 선수 프리모 때문이라는 것. 급기야 바비를 좋아하던 광팬, 길 레너드(로버트 드니로)는 그가 슬럼프를 극복하는 길은 팀 내 경쟁자 프리모를 살해하고 그가 빼앗아간 백넘버 11번을 바비에게 되돌려주는 것뿐이라고 믿는다. 그리고 결국 레너드는 자신의 엽기적인 계획을 실행에 옮긴다. 거짓말처럼 그 이후부터 바비는 슬럼프에서 벗어난다.

슬럼프를 벗어나려고 팀 내 경쟁자를 죽이고 싶은가? 미친 짓이다. 단순한 스포츠 영화에서 기괴한 호러물로 바뀐 이야기를 보며, 나는 바비가 슬럼프에서 벗어난 것이 백넘버를 도로 찾았기 때문이라고 생각하지 않는다. 스포일러가 되고 싶지 않기 때문에 결말은 여기서 삼가겠다. 중요한 것은 슬럼프를 잊으려는 마음이었다. 바비는 말한다. "다시 잘 치게 된 건 백넘버랑은 아무 상관없어. 모든 집착을 버렸기 때문이야." 슬럼프를 벗어나는 방법은 딱 두 가지이다. 바비처럼 어느 순간 슬럼프를 잊던지, 레너드처럼 슬럼프의 원인을 외부에서 찾던지 말이다. 물론 레너드의 방식은 슬럼프의 원인을 제거하는 것이 아니라 시간이 흐르며 자연스럽게 슬럼프에서 탈출한 것이 불과하지만.

그래서 슬럼프를 맞이했다면 아주 신속하게 그것을 잊을 필요가 있다. 불이 났다면 불을 끄러 가는 것이 아니라 불이 난 곳에서 대피해야 하는 것이다. 그리고 시간이 지나 다시 와보면 그 자리엔 슬럼프가 모두 타 버리고 없을 것이다. 대부분의 화재 인명 사고는 불을 끄러 건물 안으로 들어가서 발생한다고 한다. 슬럼프를 극복하려고 활활 타는 불구덩이 속으로 돌진하지 말라. 잠깐 자리를 벗어나라. 자리를 대피하는 방법은 다양하다.

1) 취미생활을 가져라

학창시절 취미가 무엇인지 기록하는 생활기록부를 마주하면 무엇을 써야할 지 몰라 짝꿍이 쓰는 것을 따라 쓴 적이 있다. 그런데 짝꿍도 별 취미는 없었던 모양이다. 초등학생이 '독서와 영화 감상'이라고 적은 걸 보면 말이다. 그때는 취미의 진정한 뜻도 몰랐고 그 효용성도 몰랐다. 그런데 지금은 취미 생활만큼 날 슬럼프에서 꺼내 주는 것도 없다. 젊어서는 친구들과 조정을 했다. 결혼하고 쌍둥이를 가진 후로는 집 근처 산책로 돌기와 명상, 독서 그리고 글쓰기가 나의 취미가 되었다. 취미 생활을 하다보면 사실 온전히 그 활동에 집중할 수 있어 다른 불필요한 사념이 없어진다. 중간 중간 다른 생각이 들더라도 쉽게 흘려보낼 수 있어서 좋다. 운동을 통해 몸을 가볍게 하는 일도 매우 중요하지만 이런 취미 활동은 머리를 가볍게 해주어 더 건강한 삶을 살게 한다.

자연만큼이나 마음을 안정되게 만드는 것은 없다고 생각한다. 새소리, 바람소리, 물소리, 풀벌레 소리들은 이유 없이 마음을 편안하게 만들고, 주변의 초록 물결은 밝은 미래를 상상하게 만들어 현재를 감사하게 만든다. 그래서 시간이 될 때마다 주변의 산책로나 공원을 찾고 친구들과는 가끔 등산을 한다. 가족과 대화로 가득한 식사 시간이나 친구들과 다양한 정보를 교류하거나 심지어 아무 말이나 주고받아도 웃음으로 가득한 시간을 보내면 마음이 풍요로워짐을 금방 느낀다. 이런 시간들은 현재의 슬럼프를 말끔하게 잊게 만들고 오히려 슬럼프를 극복하게 될 놀라운 영감을 주기도 한다.

2) 슬럼프를 수용하라

이건 정말 내가 꼭 공유하고 싶은 내용이다. 슬럼프에 빠졌다면 극복하려하지 말고 그냥 받아 들여라. 그래서 그 슬럼프로 인해 벌어질 수 있는 최악의 상황을 먼저 생각해보자. 심지어 내가 맡고 있는 프로젝트가 폭망했다고까지 생각해보자. 그리고 그 상상을 주변 사람들과도 공유해보고 어떤 일들이 벌어질지 상상해보자. 그리고 잊어라. 계속 상상의 끈을 이어가지 말고 깔끔히 잊어버리자. 마케터라면 머릿속에 커다란 가위를 하나씩은 들고 다녀야 한다. 슬럼프slump는 '잠'을 뜻하는 슬럼버slumber에서 온 단

슬럼프는 슬럼버이다. 한숨 자고 싹 잊어라.

어이다. 그런데 이 슬럼버라는 단어는 본래 '잊어버리다' '망각하다'라는 의미도 함께 갖고 있다.

슬럼프를 잊는 것. 결국, 내가 잊으려 하지 말고 주변의 상황들을 잘 이용하라. 잊을 수밖에 없는 상황을 만들어 스스로를 슬럼프에서 구해보자. 그럼 다시 그 일을 대하는 자세에서 힘이 빠지고 한결 부드러워질 것이다. 힘이 빠지면 모든 것이 유연해지고 그 속에서 해결책이 나올 것이다. 만일 좋지 않은 상황이 발생해도 그것으로 인한 당신이 받을 고통은 그리 크지 않을 것이다.

3) 힘을 빼라

골프 스윙을 할 때 PT 코치들이 늘 하는 조언이 있다. "힘을 빼세요." 비거리를 늘리는 데에만 정신이 팔려있다 보면 나도 모르게 몸에 힘이 들어가게 되고 경직된 근육은 자세를 흐트러트린다. 잘 맞던 공도 어느 순간 뻑사리가 나더니 OB가 는다. 간혹 하고자 하는 일을 간절하게 바라다보면 이루어지기보다 일을 그르치는 경우가 많다. 뭐든 힘이 들어가면 잘 되기보다 부러지기 일쑤다. 그래서 어딘가에 집중된 에너지는 사방에 나누어 힘을 빼는 것이 아주 중요하다.

여기서 다소 혼란스러울 수도 있다. 내가 하고 싶은 말은 일을 대충하라는 뜻이 절대 아니다. 그렇다고 일을 즐기면서 하라는 것과도 100% 일치하는 말은 아니다. 간절하게 그 일이 이루어지길 바라는 곳에 에너지를 쏟으면 반대로 '일을 그르치면 어쩌지.'라는 불안감이 싹 튼다는 것이다. 이 불안감이 실행을 못하게 만드는 원인이 된다. 근심과 걱정은 슬럼프를 몰고 오는 바람잡이들이다.

그래서 일의 성공이든 실패든 그 끝을 먼저 생각해보라는 것이다. 무엇보다 일이 되게끔 하는 실행 플랜을 정교하게 짤 필요가 있다. 그리고 촘촘하게 세워진 실행 플랜을 아무런 의심 없이 진행하면 된다. 실행과 실행 사이에 생각이 끼어들면 실행의 바퀴는 그대로 멈추고 만다. 그리고 그 생각 속에서 두려움이 모락 모락 피어오른다. 그래서 실행 중간에 잡생각이 끼어드는 것을 막아야 한다. 중간에 생각이 끼어들면 힘이 들어갈 수밖에 없다. 생각 없이 연속적인 실행 속에서는 자연스럽게 힘이 빠진다. 그래서 생각 역시, 이후에 바로 해야 하는 실행이 없을 때, 편안하게 실행에 집중할 수 있게 된다. 집중을 나누자. 그래야 쓸데없이 들어가는 힘을 뺄 수 있다.

고객
성공 사례를
나누라

마케팅 일을 하면서 최근에 깨달은 진리가 있다. 이론적으로
는 알고 있었지만 매번 실제적인 순간을 맞이할 때마다 '그래, 이
게 있었지, 다신 잊지 말자!'라고 다짐할 정도이다. 그건 바로 '팔
지 마라, 사게 하라.'이다. 어느 유명한 쇼호스트의 저서 제목이기
도 한 이 말은 세일즈와 마케팅에 종사하는 사람이라면 모두 핵
공감할 것이다. 그런데 재미있는 것은 이 말에 공감하는 것과는
별개로 우리는 어떻게든 끊임없이 고객을 설득하기 위한 노력을
한다는 점이다. 자신이 다루는 상품과 서비스가 시장에서 얼마나
매력적인지, 그리고 고객이 지금 당장 왜 그것을 사야만 하는지
열거하고 어필한다. 이런 행동은 결국 자신의 제품은 설득 없이

팔 수 없는 것으로 스스로 규정하는 꼴이다. 당신은 어떻게 생각하는가? 혹시 오늘도 스스로를, 혹은 당신의 제품과 서비스를 그렇게 만들고 있지는 않은가?

팔지 말고 사게 하라는 말은 무슨 뜻일까? 말 그대로 소비자가 사게 하라는 것이다. 쉽게 이야기해보자. 평소 누군가 말을 걸어줬으면 하는 마음에 당신이 이리저리 자기 자랑을 하고 다니면 아마 당신은 말 많고 실없는 사람으로 오해 받을 가능성이 크다. 그런데 누군가에게 당신이 무슨 일을 하는지, 어떤 취미를 가지고 있는지, 어떤 사람을 만나는지 구구절절 말하지 않고도 그에 걸맞은 행동을 꾸준히 하다보면 당신의 평소 철학과 생각을 추종하는 이들이 생겨나고 당신 자체에 관심을 갖는 이들이 모여들기 마련이다. 그럴 때 평소 볼 수 없었던 당신의 사람다움을 보여주거나 하고 싶었던 일을 제안하면 당신은 아주 쉽게 사람을 얻을 수 있다. 거짓말 같은가? 절대 그렇지 않다. 이미 많은 팬들을 거느리고 있는 인플루언서들이 이러한 패턴을 기획하고 실행해왔다.

제품과 서비스를 판매하는 마케팅이 사람 사귀는 일과 크게 다를 바가 없다는 사실은 이미 이 일을 해본 사람이라면 누구나 잘 알 것이다. 그러니 자랑충이나 설명충이 되지 마라. 사람들은 말을 믿는 것이 아니라 행동을 믿는다. 마케팅이 사람을 사귀는

"나니까 너한테 붓이라도 만져보게 해주는 거야."

것과 같다면, 사람들이 나랑 사귀고 싶은 마음이 들도록 해라. 누군가가 내가 다른 사람들에 둘러싸여 있는 모습을 본다면, 그리고 모두가 즐겁게 박장대소 하는 모습을 포착한다면, 그는 내가 도대체 어떤 사람인지 궁금해 미칠 지경이 될 것이다. '저 사람이 누구야?' '나도 저 무리에 끼고 싶어.' 이런 심리가 제품이나 서비스에 적용된다면?

어렸을 때 읽었던 마크 트웨인의 『톰 소여의 모험』에서 한 에피소드를 예로 들어보자. 전날, 톰은 밤늦도록 놀다가 폴리 이모에게 꾸중을 듣고 다음 날인 토요일에 폭 3미터에 길이 30미터나 되는 집 앞마당 담장에 페인트칠을 하라는 벌을 받는다. 벌칙은 누구에게나 괴로운 일이다. 더욱이 혈기왕성한 또래 아이들이라면 화창한 휴일 대낮에 지루하게 담벼락을 칠하는 것보다 낚싯대를 메고 근처 강둑으로 고기잡이를 가든지, 동네 시냇가에서 애들하고 멱을 감고 놀러가고 싶은 것이 인지상정일 것이다. 그런데 톰은 이런 상황을 드라마틱하게 바꾸어 버린다. 친구 벤이 사과를 우적우적 씹어 먹으며 자신에게 말을 걸어오기까지 그의 전략은 페인트로 펜스를 칠하는 일이 아주 재미있는 놀이가 되도록 보이는 것뿐이었다. 페인트칠을 하고 싶어 안달이 난 벤은 사과까지 건네며 재촉한다. "톰, 나도 좀 해 보자. 부탁이야." 입장은 역전된다. 도리어 톰은 으름장을 놓는다. "안 돼! 이 일을 제대로 할 수 있는 아이는 아마 천에 하나 있을까 말까 할 걸."

그렇다. 사람들이 그 서비스를 쓰고 싶어서 안달 나거나 이미 잘 사용하고 있는 모습, 그 경험에서 받은 감동 등을 나누면 된다. 어렵지 않은 일이다. 만약 이런 것들을 보여주기, 혹은 얻어내기 힘들다면? 혹시 애초에 가치 있는 서비스를 만들어 낸 것인지 다시 생각해보라. 미안한 말이지만, 어렵다고 말하는 사람들의 서비스를 보면 한결같이 가치가 없어 보이는 경우가 적지 않다.

그럼 내가 제품을 설명하고 자랑하기 이전에 해야 하는 일은 무엇일까? 바로 제품과 서비스의 가치를 나누는 일이다. 이런 단순한 진리를 마케팅 전문가들은 너무 어렵게 포장하느라 바쁘다.

영어나 전문용어를 써가며 설명하려고 하지 말라. MBA나 학회에서 발표하는 것이 아니다. 가령 우리가 새로운 맛집을 찾는 계기가 그렇게 특별했던가. 그렇지 않다. 누군가가 맛있더라 하면 궁금해서 찾아보게 된다. 왜 당신의 제품이나 서비스를 찾아보게 만들려고 하지 않는가?

나눠라. 당신의 가치, 당신 서비스의 가치를 충분히 나눠라. 직접 나누는 것도 좋겠지만 다른 사람이 나누게 하라. 그리고 다른 사람이 나누게 하려면 뜬금없이 주변에 가서 '이거 좋아.'라고 하지 않을 것이다. 그 가치를 싣고 전달할 매개가 필요하다. 바로 이야기이다. 이야기도 만들어내는 것이 어렵다고 하는 이들이 있는데 없는 이야기를 만들어내려면 당연히 어렵다. 나는 죽었다 깨어나도 톰 클랜시Tom Clancy가 될 수 없다. 그냥 내 이야기면 족하다. 이미 존재하는 고객의 이야기에 귀를 기울이자. 어떤 문제에 봉착해 다양한 시도를 했고, 우연치 않은 기회에 이렇게 솔루션을 얻게 됐다는… 주인공이 바뀌면 이야기는 수도 없이 쏟아진다. 이러한 이야기가 많아지고 더 많이 알려지면 자연스럽게 이야기는 사실이 되고, 브랜드가 된다. 모두가 그토록 원하는 브랜드 말이다. 그러니 당신의 고객 이야기를 해라. 나눠라. 그들의 성공 스토리를 말이다.

다른 시장의
문제를
해결하라

글을 쓴다는 것은 나눈다는 뜻이다.
생각과 아이디어, 의견을 나누고 싶어 하는 것은 인간 조건의 일부이다.

파울로 코엘료

어느 한 분야에서 만족할 만한 성과를 얻었다면 그 방법이 무엇인지 정리해 볼 필요가 있다. 마케팅을 하면서 여러 전략을 세우고 수정하는 과정에서 뒤를 돌아보면 뒤죽박죽인 경우가 있기 때문이다. 그럼 성공전략을 알기가 쉽지 않고 이를 발판으로 다시 성장하기 어렵다. 그래서 반드시 성과를 낸 방법을 시간을 들여 정리할 필요가 있다.

이런 정리가 필요한 또 다른 이유는 보통의 성과를 내는 방법이 다른 영역에도 적용될 수 있기 때문이다. 마치 마법의 공식처럼 딱 들어맞지 않더라도 새로운 분야에 맞춰 약간의 개선이나 수정을 거쳐 성공 전략을 쉽게 도출해 낼 수 있다. 그럼, 새로운 분야에서 성과를 내기 위해 여러 시행착오를 거치지 않더라도 빠르게 원하는 목표 달성이 가능할 수 있다.

그런 성공전략 방법을 정리하는데 필요한 아젠다를 몇 가지 공유해보자.

1) 달성해야 하는 목표

목표는 분명해야 한다. 숫자로 표현 가능해야 하고 마감 기한이 명확해야 한다. 어느 한 사람의 마음속에 있는 목표는 목표가 아니다. 팀의 구성원 누구나 목표를 알고 있어야 하고 다른 사람에게 설명할 수 있어야 한다. 목표는 간결하게 정의할 수 있어야 한다. 또한 목표는 언제든 수정될 수 있어야 한다. 세부 전략들은 그 목표를 기반으로 설계되어야 한다.

2) 목표 달성에 영향을 주는 선행지표

목표 달성에 영향을 주는 선행지표를 알아야 한다. 선행지표와 목표는 인과관계로 설명될 수 있어야 한다. 인과관계를 선후관계로 착각해서는 안 된다. 반드시 지표들이 목표 달성에 영향을 준다는 것을 확인할 수 있어야 한다. 물론 선행지표는 목표로 나아가는 과정 중에 새롭게 찾을 수도 있고 인위적으로 설계될 수도 있다.

3) 각 선행지표 별 목표 기여 전환율

더 중요한 것은 선행지표와 목표 간의 전환율의 데이터가 있어야 한다. 고객의 구매 전환율이 파악되지 않으면 선행지표는 무의미하다. 선행지표와 전환율의 관계가 대소와 증감, 등락과 고저의 형식으로 이해될 때 비로소 목표 달성 여부를 알 수 있다. 동시에 전환율 상승을 위한 전략이 수립되어야 하며 고객의 첫 경험이 선행지표 관련 행동이 될 수 있어야 한다.

4) 고객 경험 지도

고객이 구매에까지 이르는 경험 지도experience map가 있어야 한다. 마케터 스스로 판매자가 아닌 서비스나 제품의 고객이 되어야 한다. 철저하게 고객의 입장에서 경험해야 한다. 마케터는 지도제작자이다. 김정호가 삼천 리를 걸어 다니며 대동여지도를 만들었듯이, 마케터는 고객이 구매까지 걸어간 루트를 걸어가며 고객 경험 지도를 그려야 한다. 단순히 지도를 그리는 것에서 멈추지 않고 고객의 모든 구매 여정에 브랜드의 접점이 드러나야 한다.

5) 고객 설득 요소

전환은 결국 설득임을 잊지 말자. 직접 설득은 소용이 없다. 마케터라면 어떻게 환경을 바꿔 고객 스스로가 자신을 설득할 수 있을지를 고민하자. 구매 여정 중에 고객을 설득할 수 있는 요소들은 산재해 있다. 물론 ATL^above the line과 BTL^below the line, 그리고 IMC^integrated marketing communication를 모두 동원할 수 있을 것이다.

6) 프로젝트 진행 중 발생하는 리스크 대처

리스크 관리는 위 모든 요소들만큼이나 중요하다. 모든 마케팅 프로젝트는 리스크를 안고 있다. 마케터는 모든 리스크를 없앨 수 있다는 소위 '제로-리스크 편향^zero-risk bias'에 빠지지 말아야 한다. 교통사고 사망자 수를 0명으로 만들려면 모든 도로 제한 속도를 시속 0km로 맞춰야 하며, 중독 사고를 원천 차단하려면 아예 가공 식품에 식품첨가물을 넣지 말아야 한다. 리스크는 없을 수 없다. 준수한 마케터라면 예상치 못한 상황에서 불가항력적인 사태가 발생할 때 임기응변을 발휘하여 리스크에 대처해야 한다. 경험이 많이 쌓인 마케터는 리스크조차 예상하여 플랜을 짜놓는다. 예상할 수 있는 리스크가 많으면 많을수록 당신은 마음 편하게 성장할 수 있다. 위험을 예측하는 것도 중요하지만 위험을 대처하고 관리하는 능력이 더 중요하다.

위 내용들을 기준으로 당신의 성공 전략을 정리해보자. 당신에게 누구보다 든든한 조력자가 될 것이다. 성공 전략은 서울에서 미국 LA까지 민항기가 날아가는 최단거리 노선과 같다. 인천국제공항에서 이륙한 보잉747이 LA국제공항까지 12시간 가까이 비행할 때 기장은 기상 여건에 따라 끊임없이 정해놓은 항로를 미세하게 조정하면서 비행한다고 한다. 중간에 난기류도 만날수 있고 악천후도 얼마든지 있을 수 있다. 예상치 못한 기류 변화와 승객들의 비상 상황, 기체 결함 등 리스크에 대한 모든 경우의수가 항존한다. 이 세상 어떤 최첨단 여객기도 컴퓨터가 계산해놓은 항로를 100% 지키면서 날 수 없다. 지도와 레이더가 가리키

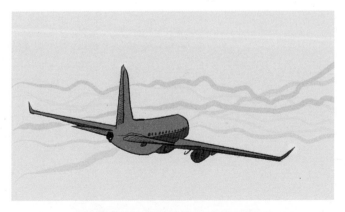

마케팅 팀은 항로 위를 날아가는 비행기와 같다.

는 루트에 가장 근접한 거리를 쉬지 않고 오가며 목적지를 향해 날아갈 뿐이다. 이 경우 보잉747이 잡은 비행 루트는 하나의 기준이 된다. 계기판은 최단 시간, 최적의 루트, 가장 이상적인 항로를 보여준다.

chapter
28

지구 반대편의
친구를
도와주라

어떤 것이라도 나누지 않고
소유하는 데에 즐거움이 있을 리 없다.
세네카

　나눔을 정의하면 가장 먼저 떠오르는 단어가 아마도 '봉사'일
것이다. 지식이나 경험을 나눌 수도 있겠지만, 누군가에게는 봉
사가 진정한 마음과 살아가는데 필요한 기초적인 의식주(옷밥집)
를 해결할 돈일 수 있다. 한 때 나는 직접 사람들을 만나 이야기를
나누고 교감하며 몸으로 직접 뛰는 봉사를 하지 않고 그저 돈만
전달하는 것이 봉사가 아니라고 생각했다. 금일봉을 전달하는 손
은 진정한 나눔의 손과는 거리가 있다고 느껴졌다.

　그런데 실제 봉사를 업으로 삼는 이들의 말을 현장에서 들어
보면, 이벤트성 노동이 때로는 더 성가시고 불필요한 봉사라고
입을 모은다. 아무리 좋은 의도를 갖고 보육원이나 종교시설에

봉사를 나간다 할지라도 현장에서 필요로 하지 않는 일을 보여주기식으로 때우는 것은 기껏해야 봉사했다는 자기만족이나 전시효과를 노리는 얄팍한 꼼수에 머물 수밖에 없다. 도움을 받는 편에서 진짜 무엇이 필요한지도 모른 채 도움을 주는 편에서 일방적으로 진행하다 보면 봉사대가 오히려 불필요한 인력만 투입되어 현장에서 거치적거리는 애물단지로 전락하는 경우가 종종 있다. 그렇기 때문에 그 일을 집중해서 업으로 삼는 이들이 존재하는 것이고 진정성 있는 기관이나 단체를 찾아 그들을 통해 대신 돈으로 봉사의 뜻을 전하는 것이 더 효과적이고 효율적인 것이다.

기부와 봉사 활동으로 유명한 가수 션은 이렇게 말한 적이 있다. "살면서 느낀 건 1,000원이 있어도 살고 500원이 있어도 살게 되더라는 것이었어요. 제 자신을 위해 500원을 쓸 수 있지만 그걸 나눌 때 기쁨은 더 커지는 것 같아요." 직접 만나서 이야기를 들은 것은 아니지만, 그는 봉사에 돈이 얼마나 중요한지 알고 있는 사람이라는 느낌이 든다. 션은 아직도 직접 연탄 배달도 하고 자선행사도 뛰지만, 현장에는 돈이 필요하다는 사실을 몸소 깨달았다고 고백한다.

내가 온 몸으로 봉사를 하겠다는 것은 자기만족에 그칠 수밖에 없다. 자기만족을 추구하는 봉사는 꾸준함이 결여되어 있는 경우가 많다. 도움을 받는 이들의 입장에서 꾸준함은 필수적이다. 단발성의 통 큰 기부보다는 작은 도움이라도 지속적으로 베푸는 것이 중요하다. 그러니 꾸준함을 전제로 이 행동은 실행되어야 한다.

그럼 여기서 한 가지 부담이 생길 수 있다. 꾸준한 봉사는 시간과 예산의 문제를 야기할 수 있다. 시간의 문제는 전문적인 기관과 단체의 도움을 받아 해결이 가능하다. 그럼 예산의 문제는? 과연 얼마가 그들에게 유의미하게 쓰이는 걸까? 이것 역시 한 뜻을 모아 모금하는 것으로 충분히 해결 가능하다. 나만의 봉사 철학이 있다고 하여 내가 모든 것을 다 짊어지고 해결할 수 있는 것은 아니다. 한 뜻으로 십시일반 모아 목돈을 만들면 충분히 지속가능한 인프라를 만들 수 있다.

물이 필요한 곳에 모금된 돈으로 물을 사다 주는 것이 아니라 마을과 저수지를 연결해 식수 저장 탱크를 만드는 것이다. 사실 이것을 이해하는 순간 왜 사업 경험이 많은 기관이나 단체에 기부해야 하는지를 깨닫게 된다. 여기서 또 하나, 해외 아이들을 돕는 것이 당신이 조금 더 꾸준하게 봉사할 수 있는 힘을 갖게 한다. 혹자는 해외가 아닌 국내 아이들 먼저 챙겨야 한다는 말을 하는 경우가 많다. 사실 내 아이, 네 아이 따질 문제가 아니다. 생명은 모두 저마다 가치를 지니고 있기 때문에 가치의 경중을 따질 수

나누면 배가된다.

없다. 그래서 난 내가 기부하는 돈의 절대 가치를 먼저 생각해본다. 한 달에 3만 원의 기부를 한다면 이 3만 원이 누구의 어떤 문제를 지속적으로 해결할 수 있는가를 생각해보는 것이다.

이런 생각 자체가 스스로를 이것저것 따져보는 초보 기부자라는 생각을 하게 만들지라도 내가 기부 활동을 꾸준하게 할 수 있도록 돕는다. 질병에 걸린 한 아이의 생명을 구하는 것에 모금이 되는 것이 아니라 질병에 걸린 수많은 아이의 생명을 살릴 수 있는 인프라를 구축하는 것에 모금이 될 수 있도록 하길 원한다.

이 책을 읽는 누구는 마케팅을 말하면서 뜬금없이 봉사, 기부 이야기냐고 되물을 수 있다. 누군가를 도울 수 있다는 것만으로

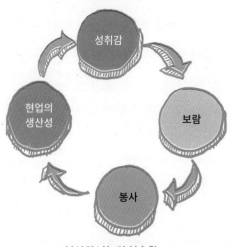

봉사와 나눔의 선순환

도 자신의 존재감에 당위성을 갖게 된다. 이것만으로도 자존감이 높아지고 내가 하고 있는 일에 대한 자부심이 높아진다. 봉사와 기부에서 꾸준함이 중요한 만큼 내가 하고 있는 이 일에서도 노력과 끈기, 탐구의 꾸준함이 절실한 일이다.

그러니 내 일에 대한 사랑과 자존감은 필수이다. 비단 마케터에게만 해당되는 말이겠는가. 사람을 돕는 일을 넘어 그들에게 지속적으로 도움이 되는 인프라를 구축한다는 의미에서 해당 캠페인과 사업을 파악하는 안목이 생긴다. 이 사업이 정말 그들을 도울 수 있을까라는 생각과 진정 필요한 사업일까 생각하는 측면에서 마케터의 일 근육은 더 단련될 수밖에 없다. 결국 여러모로 좋은 일이다. 이는 앞서 말했던 나눔이 가져오는 뫼비우스의 띠, 우로보로스 순환을 일으킨다. 나눔은 보탬이 되고, 그 보탬은 다시 나눔을 불러온다.

사실 기부는 나를 살리는 일이다. 나누는 것을 뒤집으면 곱하기가 되기 때문이다. 불가佛家에서는 흔히 보시布施를 할 수 있도록 중생에게 기회를 준 비렁뱅이가 더 큰 공덕을 쌓는다고 한다. 상대가 나에게 도움을 주어 좋은 업業을 쌓을 수 있게 기회를 주었다는 게 명분이다. 생각할수록 매력적인 주장이다. 그래서 깨달음을 얻은 싯다르타는 죽을 때까지 단 한 번도 자신의 손으로 무언가를 일구거나 벌어서 살지 않고 오로지 남의 선행과 보시, 기부에 의존해 '빌어먹고' 살았다. 나누는 마음, 베푸는 손은 서로의 오해를 감해 주고, 관계의 이익을 더해 주며, 그 결과 양자에게 곱하기로 축복을 가져다준다.

반성적 마케터를 위한 찬가

세상에는 두 가지 사고방식이 존재한다고 생각합니다. 반사적 사고와 반성적 사고가 그것이죠. 반사적reflexive 사고는 마치 무릎을 쇠막대기로 치면 반사적으로 다리가 튀어 오르는 것처럼, 어떠한 상황에 닥쳤을 때 사고를 거치지 않고 무의식적으로 튀어나오는 행동 양식을 말합니다. 반사적 사고는 주변 상황에 바로 대처할 수 있다는 장점을 가지지만, 사건의 전모를 파악하고 그 이면에 숨은 인과관계를 이해하는 데 더디다는 단점을 갖고 있습니다.

반면 반성적reflective 사고는 선입견을 걷어내고 사건이나 사물의 본질을 들여다보는 행동 양식입니다. 이런 사고는 주변 상황에 즉각적인 대처가 늦는다는 단점이 있지만, 상황을 전체적으로 조망하고 그 의미와 관계, 해법을 차근차근 찾을 수 있게 도와주죠. 현상에 섣부른 판단보다 현상 이면을 깊이 있게 파헤칠 수 있는 이성적이고 비판적인 사고에 가깝다고 할 수 있습니다. 반사적 사고와 반성적 사고의 특징은 비교하면 다음과 같습니다.

반성적 사고 reflective thinking	반사적 사고 reflexive thinking
▪ 의식적/이성적 사고	▪ 자동적/본능적 사고
▪ 비판적 물음	▪ 무비판적 반응
▪ 변혁적 태도	▪ 순응적 태도
▪ 내부적 성찰	▪ 외부적 표현
▪ 장기간	▪ 단기간
▪ 과정 중심의 사고	▪ 결과 중심의 사고
▪ 인과관계	▪ 상관관계

반성적 사고와 반사적 사고

여러분들은 어떤 사고방식에 끌리나요? 질문을 이렇게 바꾸어봅시다. 지금 현업에서 뛰고 있는 마케터라면 어떤 사고가 필요할까요? 저는 적지 않은 시간 동안 현직 마케터로 활동하고 숱한 의뢰인을 만나 미팅을 진행했고, 직접 회사를 차려 20여 명이 넘는 직원을 두고 마케팅 업무를 총괄하면서 반성적 사고와 반사적 사고를 서로 비교해볼 수 있는 많은 상황들을 겪었습니다.

처음에는 마케팅이 정말 창의적인 사람들의 영역이구나 하는 느낌이 있었습니다. 그래서 저처럼 전략적이고 구조적인 것을 더 편안하게 생각하는 사람들에게는 뭔가 범접하기(?) 어려운 영역처럼 느껴졌죠. 그런 생각은 종종 크리에이터들과 작은 충돌을 일으키게 했는데, 그 중 대표적인 것이 성과 확인이었습니다. 당시 광고 시장에서 콘텐츠의 성과 확인은 당장의 매출 기여로만 가능했고, 그렇다 보니 어떤 요인들이 직접적인 영향을 미쳤는지 파악하는 것이 어려웠습니다. 그것은 암묵적으로 경험과 연차에 비벼 이야기하고 의사결정을 내리게 하는 문화를 만들었고, 마케팅은 창의적인 업무이면서도 굉장히 경직된 문화가 똬리를 틀고 있는 곳으로 남았습니다. 전형적인 결과지향의 반사적 사고를 해왔던 겁니다.

저는 반성적 사고를 하고 싶었습니다. 그래서 구글을 뒤져가며 다양한 글로벌 자료들을 찾기 시작했고, 그 과정에서 구글 애널리틱스를 알게 되었습니다. 당시 국내에는 국문으로 된 관련 자료가 전무하여 영문으로 번역하여 블로그에 올리고 스스로 정리해 나갔습니다. 이렇게 했던 이유는 단 하나, 그저 광고의 성과를 제 눈으로 직접 확인하고 싶었습니다. 지금 내가 잘하고 있는 것인지, 개선이 필요한 것인지 알고 싶었죠. 앎은 곧 성장으로 이어졌고 블로그로 관심사가 유사한 이들과 소통하는 것은 아주 큰 즐거움이었습니다.

시간이 얼마 흘렀을까, 여기저기서 예상치도 못한 제안들이 들어오기 시작했죠. 강연과 출판, 컨설팅 등, 성과 분석에 대한 제안이 하나둘 들어오기 시작하며 반성적 사고에 더 많은 자료들이 쌓였습니다. 학습의 선순환이 일어난 거죠. 결국 저는 이 성과 분석이 특정한 마케터들에게만 필요한 일이 아니라 디지털 마케팅을 하는 이들이라면 누구에게나 필요한 일이라는 생각에 미쳤습니다. 그래서 본격적으로 관련 주제로 주기적인 강의와 전문 업체들과의 협업을 통해 성과 분석을 하나의 캠페인 활동으로 이어나가기 시작했습니다. 이런 교육 활동은 정말 많은 마케터들을 만날 수 있는 기회를 주었습니다. 연간 5,000명이 넘는 다양한 분야의 마케터들을 만나게 되었습니다.

제 결론은 롱런하는 마케터가 되려면 반사적 사고보다는 반성적 사고를 하는 기획자가 되어야 한다는 것입니다. 반성적 사고를 하는 마케터는 외부의 평가보다 내부의 성찰에서 해답을 찾습니다. 경쟁보다는 상생과 협력을 추구하며, 즉각적 행동보다는 면밀한 관찰과 해석, 합리적 추론을 좋아합니다. 반성적 사고를 하는 마케터는 복잡한 수치나 사변적인 어휘에 놀아나지 않습니다. 그는 빼기 더하기 곱하기 나누기와 같은 단순한 수식에도 질서정연하게 드러나는 마케팅의 원리에 착목하려고 합니다.

마케터에게 성과 분석은 필수적입니다. 광고 매체가 디지털로 확대되면서 눈에 보이지 않는 고객의 행동과 그들의 기여를 확인하는 일은 더 중요해졌기 때문이죠. 수년 간 이 일을 해오면서 이전보다 성과 분석과 데이터 분석을 기초로 마케팅 전략을 수립하는 것이 당연해지고 있고 그런 능력을 가진 마케터들도 많아졌지만, 한편으로는 그것을 너무 맹신한다는 생각도 듭니다. 뭐든지 과하면 좋지 않습니다. 이 책을 쓴 많은 이유 중 하나이기도 합니다. 데이터 분석이 보편화되면서 많은 마케터들에게 마케팅에서 우선순위는 데이터인 듯하지만, 절대 그렇지 않습니다. 기본기가 탄탄해야 합니다. 걸을 수 있어야 뛸 줄 알고, 두 발로 설 수 있어야 걸을 수 있는 법입니다. 모두가 트렌디하면서도 대중적인 접근, 눈에 띄는 스킬을 쫓기보다 기본기를 탄탄히 다졌으면 하는 바람으로 이 책을 썼습니다.

미국의 베스트셀러 작가 로버트 풀검Robert Fulghum은 "내가 정말 알아야 할 모든 것은 유치원에서 배웠다."고 말했습니다. 먼 데서 해답을 찾으려고 하시지 말고 우리가 유치원 때 이미 다 배웠던 셈법에서 마케팅의 지혜를 얻으시기 바랍니다. 부디 마케터의 사칙연산을 통해 기획력이 향상되고 시장을 읽는 반성적 안목이 깊어지며 마케팅 전략이 날카로워지기를 바랍니다.

감사합니다.

마케팅을 밥벌이로 하는 이들이
반드시 알아야 할 전략의 기본기

마케터의 사칙연산

지은이 | 전민우
펴낸이 | 박상란
1판 1쇄 | 2020년 10월 30일

펴낸곳 | 피톤치드
기획 | 백승기 **교정** | 이슬 **디자인** | 황지은 **그림** | 앤디
경영 · 마케팅 | 박병기

출판등록 | 제 387-2013-000029호
등록번호 | 130-92-85998
주소 | 경기도 부천시 길주로 262 이안더클래식 133호
전화 | 070-7362-3488
팩스 | 0303-3449-0319
이메일 | phytonbook@naver.com

ISBN | 979-11-86692-55-4(03320)

「이 도서의 국립중앙도서관 출판예정도서목록(CIP)은 서지정보유통지원시스템 홈페이지
(http://seoji.nl.go.kr)와 국가자료공동목록시스템(http://www.nl.go.kr/kolisnet)에서 이용하
실 수 있습니다.(CIP제어번호: CIP2020041818)」